給比我年輕的女朋友

薇薇夫人 著

給薇薇夫人的情書

「感謝父母給我健康的身體基因，豁達開朗有點迷糊的性格」。讀著薇老大樂大姐〈輕舟將過萬重山〉一文，百感交集，好像翻閱她人生的一本大書，重溫一代人的時空變遷。

《情感與人生》是遠流四十四年前編號第一的創業作，薇老大也在本文中細數了台灣女性觀念的古往今來之別。但她說：「我敬佩女人，欣賞女人，喜歡女人，女人有許多了不起的特質」，唯其如此，她能把自己身體力行的樂活人生，寫給比她年輕的女朋友。

梅琳達・蓋茲曾提到「當你提升女性，也就提升了全人類」，薇薇夫人更是衷心盼望：在歷史長河中飽受壓抑歧視的女性，未來「可以活得更有自我，更能發揮自己」。

何其有幸，在我事業初始，就能認識我這一輩子最親近的男女朋友吳靜吉和薇薇夫人。他們終生愛讀書愛學習愛朋友，不顧老之將至。薇薇夫人，八十八歲還能這麼美麗，不崇拜她，行嗎？——王榮文（遠流出版公司董事長）

每一次讀完樂阿姨的來稿，總在心裡輕輕讚嘆：她的觀念比我還前衛！她思想開闊，幽默慧黠，能自處，也愛朋友。這本散文集，從〈情書〉到〈輕舟將過萬重山〉，是一本她寫給女人的「情書」，如此溫暖，又如此灑脫的祝福之書！

——宇文正（《聯合報》副刊組主任）

從年輕時以女性議題為主旨的薇薇夫人專欄，到退休後以女人的隱喻繪畫和文學創作，所有作品都充分展現了她的創造力、同理心和美學素養，也是當今媒體充滿ＡＩ即將主導人類生活的警惕時，專家學者認為ＡＩ無法取代的能力。即使不是「女朋友」的男性讀者，也能從《給比我年輕的女朋友》中體悟她的素養。她與時並進，「對現代年輕人的種種都感到好奇」。《給比我年輕的女朋友》是她個人生命故事和文化底蘊創意轉化，讀來更能令人感同身受。

——吳靜吉（政大創造力講座主持人／名譽教授）

莖軍姊一直是我心儀也是效法學習的典範，之前常有文章在《文訊》「銀光副刊」發表，這次新作，有幸又先睹為快。我們這些比她年輕的女朋友依循傳統，又努力融入新世代，接納新思潮。莖軍姊長久以來就是領航者，她的實踐力和成果也是有目共睹，我們難望其項背，心嚮往之！美麗、豁達、喜樂，對生活永遠充滿好奇，積極探索！這也是她常說的「身在塵世，心常飛翔」。人品即書品，精彩人生的淬鍊，發之為文，已進入一個智慧圓融的境界。

——封德屏（《文訊》雜誌社長兼總編輯）

很高興看到莖軍出新書，正代表了她一向給人無畏、自在的感覺。而這也是我們和這個時代需要的精神。

——殷允芃（《天下雜誌》創辦人）

我是讀「薇薇夫人專欄」長大的——在那個年代從少女到女人，又有誰不是呢？樂老師親切又帶著幽默的文字，不知道溫暖了多少女性的心，也讓人在遇到疑惑和挫折之時，油然生出了一股堅毅的勇氣。如今讀到《給比我年輕的女朋友》，樂老師的親切幽默依然，更添了歲月歷練後的寬容、喜樂和自在，原來女人的世界如此之大，不只是「愛情」和「親情」而已，而能夠有這樣一位充滿智慧的「女朋友」，讓人不禁感到既珍惜又開心!!

——郝譽翔（國立台北教育大學語創系教授）

當我還是少女，未曾有過任何戀愛經驗時，就在讀薇薇夫人的專欄，也許是嚮往、也許是好奇，愛情與家庭，如何交織？如何選擇？夫人的解惑總是出人意表，讓未經世事的我豁然開朗，覺得其實可以有不同的選擇。

那時，我的腦子已經被薇薇夫人開了一條細縫，接受一點資訊，無意中在看別人的生活，也許也改善了某些自己的固執。

她不像阿姨長輩，她像一個經歷過萬重山水，卻只輕鬆說「兩岸猿聲啼不住」的年長朋友。她把所有熱情與苦難都化作輕言細語，述說給你聽。你聽到她的原意也好，最好還聽到她的言外之意，那麼你腦中那條細縫就會再開展一些，再多注入一些資訊，你的前路或許就更寬廣些。

凡是女人不只需要閒談私密的閨蜜，更需要這樣一位擁有無限人生智慧、貼心又溫暖的成熟的女朋友。

——陳怡蓁（趨勢科技創辦人暨趨勢教育基金會執行長）

【來自薇老大幫小女朋友的愛】

我與薇薇的生日是同一天，至於是否同年或哪一年就不重要了！得此星座相同的巧合，我們經常一同過生日，我也常常拿薇薇做榜樣，有樣學樣的，把日子過得開朗踏實自由自在。

大家說：當年我們當家庭主婦的時候，薇薇夫人帶領我們養兒育女持家看社會；現在老了，她又帶著我們，閱讀看畫看電影一起共老。有她真好！

我曾看過一本書《逆齡社會：愈活愈年輕的全球新趨勢》，作者是凱薩琳梅爾（Catherine Mayer），她提出所謂的逆齡：不是青春永駐的外在，而是一種對生活永遠熱情的健康心態；一種與年齡數字無關，擁有不停歇的好奇與衝動的人生。

薇老大肯定就是這麼一位逆齡的代表者。外表是，內在是；過去是，現在是，永遠都是！

——簡靜惠（洪建全教育文化基金會董事長）

家裡有兒子以前練臂肌用的一對啞鈴，可我在連礦泉水蓋也轉不開的情況下，並沒有去利用它們；只「秀氣」地徒手扳手指、手掌，以及握拳、鬆拳。所以聽到八十多歲的薇老大竟然以啞鈴來改善拿不起茶壺的手時，著實吃了一驚，想著，「這個女人真猛！」

這個優雅美麗的女人傳授過我們幾個動作：雙手連番「撥提」臉頰防下垂，扶牆給兩腿拉筋治足底筋脈炎，還有按摩眼睛讓視力維持最佳狀態……

我們羨慕她的眼睛好，居然可以躺著讀小說；更羨慕她從年輕美麗到老。雖然明白她的才貌，是得天獨厚，我們還是視她為典範，加減學習。如果我們像她一樣豁達開朗，像她一樣頑抗身體的衰退，像她一樣享受讀書、寫作、畫圖，也可以有智慧美、氣質美吧。（好歹我們也給她薰陶得挺不錯哪。）

——劉靜娟（作家）

「薇老大幫」不是等閒的江湖幫派，是美貌和智慧雙重期待的正向拉幫結派。老大一直做了好榜樣，她用具體行動告訴我們這些追求上進的女朋友：「豁達是智慧」、「寬容是美麗」。我們喜歡她，努力向她看齊，學著跟她一樣。

她要我們稱呼她「薇老大」，我們服膺「所有事老大說了算」，但老大不常說話。

她寫的書，雖言簡意賅不囉唆，卻切中女人的心事。

薇老大作風不老大，她像風吹薔薇，一逕香風細細，芬芳不自覺。

——廖玉蕙（作家）

稱她「老大」，不是因為她霸氣，是她的灑脫。

早些年她腿痛，後來突然行走自如。

「開刀啦，我去看門診，醫生說要開就馬上開啦！」

後來她視力退化，又突然恢復夜讀。

「開白內障啦，健保給付，完全不用錢耶！」

最近，她未先告知就搬了家。我們急急奔去，一床、一櫃、電腦桌椅、雙人沙發、小廚房，窗明几淨，寬敞明亮。「妳…妳的其他東西呢？」「丟了啊，有電腦可以查資料、寫作就足夠了！」我們嚇得吃手。

她是我們永遠的薇老大，她的書是我們的「聖經」。

——田新彬（作家）

一九八八年我任職消基會《消費者報導》雜誌，照規定每個月雜誌在企劃下個月的主題、檢驗項目、專題等得先送給社長過目。我第一次拜見樂茝軍社長有些忐忑，雖然之前曾採訪過薇薇夫人，現在是我的上司，情況究竟不同。

「你是總編輯，以後一切你決定不用問我，除非有非常爭議的企畫，這個會裡得開會。」樂社長笑著跟我說，都說男人氣概女人氣質，然而我從她的神情看到一股氣概，那是溫和、氣勢和態度。

成為薇老大團的成員後，薇老大一樣豁達更有氣概，不管幾歲薇老大與時俱進，讓我們奮力直追，但是，不管女力或女人氣慨，不是奮力猛追就可以達到，那可是薇老大的特質。追三十多年了，還是遙遙之途。

——方梓（作家）

自序

退休後過著讀書、繪畫、看經典老電影的閒閒愉快的日子，真正感受到「夕陽無限好」，而且我不在乎「只是近黃昏」。弘一法師臨終時說一生「悲欣交集」，我覺得無論是悲或欣都是對人生的體會，是人生的滋味，能細細品嘗就沒白活。我有幸活到八十八歲，每天起床都感謝，然後高高興興過一天。只是有時會慚愧這日子過得太舒適了，會不會是浪費人生？我還能做點什麼嗎？

有一天，我的老東家「遠流出版公司」的總編輯林馨琴對我說：「你的人生經驗那麼多，應該寫出書給年輕女性看看。」我很懶，一直推拖，不久她居然把書的大綱章節都抓出來了。這個編輯真厲害，她讓我想起戲劇裡有些編輯如何為作者規劃、籌謀；日劇中常有編輯跑到作者家中等稿，有時還要鼓勵情緒不好的作者如何振作，原來編輯不是被動地等作者來稿，真的是主動協助作者動筆呢。

終於我被推出來了，很多往事和今事，很多人物的故事就像電影在腦中播放。我相信自己不是個落伍的人，雖然人不在江湖，但依然關心江湖事。儘管年輕人的觀念，甚至行為有很多改變，不過在機器人還沒完全取代人類的今天，人類的生活和價值觀仍然有很多是恆常不變的。也許我的人生經驗對年輕女朋友還有參考意義。而且我發現自己在很多很多場合，都是年齡最長的，是個身心健康的快樂老人，也是個「好奇老寶寶」，我對現代年輕人的種種都感到好奇，也常常有話想說，既然重出江湖，就把這本書取名為《給比我年輕的女朋友》。

我一直欣賞女人，欽佩女人。在悠長的女人被歧視的歷史長河中，女人沒有被壓扁、倒下。儘管時代在改變，我盼望比我年輕的女朋友可以活得更有自我，更能發揮自己。

目錄

樂在其中的那些情愛

活在當下的那些趣味

人想獨處的那份自在

生命謝幕的那份灑脫

前言

女朋友之必要

寫了二十六年以女性議題為主的「薇薇夫人專欄」，讓同樣身為女人的我對女人有更深刻的了解與關懷。女人會敬佩、會羨慕、會喜愛別的女人，當然也會嫉妒、批評別的女人，正因為女人的情緒多樣性，所以女人的世界多采多姿。

我一直希望用畫筆畫布來表達我所見所知的女人，心中常常浮現為追求愛情而犧牲了尾鰭的美人魚。因為有些女人真的像美人魚，愛情是生命中的唯一；但尾鰭是掌握方向的，一旦失去，生命當然沒了方向。而有些女人被放在不該放的地方，就像一條美人魚或坐在樹上，或放在盤中，或囚在重窗之內，或躺在紅木床上，但是遙遠的大海總在靈魂深處呼喚著，於是我置一把樂器在她們身旁，權作她們的精神寄託。

女人是有無限可能的，只要她們有了方向，把自己的潛力發揮出來，就會讓生命完整而圓滿地在人生的大海中遨遊。

記得是剛結婚的頭兩年吧，有位比我早婚兩年的朋友約我們幾人到她家聚會。在大家都窮的年代，她算是中產階級。先生在企業界，彬彬有禮，很周到也很熱忱。大家爭看她家的陳設，彼此嘲笑，活脫是個土包子。老朋友的好處就是相處自在，不必裝模作樣，談的都是大家熟悉的人和事。不知為什麼她講的一句話多年來常在我的記憶當中：

「有些話只能跟朋友講，不能跟先生講。」

年輕時糊裡糊塗，也沒深問，還有點擔心她的婚姻是不是有了問題。人生歷練多了之後，才懂得這句話說的就是一般婚姻的常態，非關感情，也不是抱怨。夫妻本來就是不同的兩個人，各有各的性格和志趣。而能成為好朋友的都是臭味相投的人，尤其是經過時間「過濾」的朋友。朋友越老越有話講，夫妻越老越相對無言。除了真正有相同的興趣，或各有不同嗜好但喜歡和對方分享的夫妻之外。

朋友甚至是「父子、兄弟、夫婦、君臣、朋友」五倫中的一倫，多麼重要的人際關係啊。曾聽一位男士嘆息：「很後悔年輕時沒經營幾位朋友，年紀大了交朋友就難了。」但世事不穩，能從童年玩伴變成老友是幸運的。青少年是狂飆的年代，能一直維持友誼很不容易。成熟後交成朋友的，我覺得反而最能成為知己，大家都性格穩定了，最能成為「友直、友諒、友多聞」的益友吧。

「薇老大幫」的小友們雖常在「賴」上歡讀，但從未同寢同食同行去國外旅行。有天一位老友說：「旅行最能考驗人，你們回來後還是朋友的話就是真朋友啦。」

結果一星期的旅程中，我享受到被照顧的幸福。因為我最年長，幾位小朋友處處為我著想。最讓我感動的是，她們偷偷地提前為我慶生。悄悄勘察最合適的餐廳，兩道菜以後，突然燈光變柔，燭光呈現，大家向我舉杯，我還茫然地問怎麼啦？她們笑說祝妳生日快樂！當時我真的體會到友情是多麼地觸動心靈。

最好的是我們都是「她如果沒有書日子怎麼過」的書迷，她們更經常送書給我。這樣的好朋友可以終身交往。

我也的確碰到旅行後從朋友變成「普通人」的經驗，因為發現對方以往不曾看過的言行，朋友就交不下去了。也許她也看不慣我，只是沒朝夕相處不知道吧。

我剛成為職業婦女時，除了同事沒有朋友。有天一位女士到辦公室來找我，非常乾淨俐落，膚色健康、兩眼明亮，有一張美麗的嘴。她說讀我的專欄後，很想認識我，正好在我辦公室附近辦事，就來找我。那時電話很少，更沒手機，直接登門找人不奇怪。或許是緣分吧，後來我們成了知己。

她的學歷不高，但靠自修日文可以譯書，後來更可以口譯。我們常討論日文作家，喜歡誰不欣賞誰。假日把孩子交給先生，兩人騎車在基隆路上飛駛，看遠山頂上的雲像瀑布一樣流淌在山頭。當我住的宿舍要被收回時，她陪著我滿處找房子。比價、講價，我都「陪」在一邊不講話，因為實在沒那本事。後來我們用我僅能付的兩萬元買下時價三十萬的房子，還有特優的分期付款，外加進口的洗衣機。如果沒有她我絕辦不到。她燒得一手好菜，每次來我都乖乖地把菜刀、鍋、鏟交給她，只當副手。雖然前幾年她病故了，卻是我終身難忘的好友。

有兩位當年的同事阿幸和阿町，在我退休以後我們成了知己好友。她們從不忘記我的生日，我搬家時阿町還包「安厝費」，替我處理一些雜事。而做得一手好菜的阿幸，每次做了佳餚就提著上捷運來為我加菜，帶營養品來為我進補。我已不是主管，我們之間沒有利害關係，我們有的只是相同的價值觀，有朋友緣。

至於幾個定期聚會的老友，相交半世紀了，那更是無話不談，誰開個話頭立刻就能接下去，一個眼神，大家就心知肚明。有會唱的，大家陶醉聆聽，興致來了合唱一首，扯得臉紅脖子冒青筋，唱完轟然大笑！大家可以分享喜怒哀樂。

另一位有為朋友兩肋插刀的義氣，朋友有難絕對盡力幫助，出錢出力從不抱怨。她曾為一位孤身在國外病逝的朋友，特地從台北飛去處理喪事，為對方的老母親解決很多難題。我已把後事交給她。

還有幾位平時不常聚，卻默默地關注你，在必要時伸出援手，幾十年不變。像是老友允芃在我退休二十年之後，約我寫定期的專欄。這和興致來了或有感而發寫稿不同，每月定期交稿是種壓力，但我相信這樣的壓力有益。稿的內容不能跑離專欄性質太遠，每月要想主題，這種磨練讓我的「高齡頭腦」維持活絡，相信一定能預防失智。這就是友情的關注，她是我的女朋友。

不過朋友還是男女不同，男朋友可以談天，女朋友更可交心，深談感情細節，甚至男性不一定了解的情緒波動。這樣的女朋友可以幫助自己平服心情的煩躁，理出問題的癥結。

曾經有位朋友在要不要離婚中掙脫，我們三個女朋友和她反覆討論，一次次的要她自己提出問題，自己分析，我們參加意見。這種時候只能是純女朋友陪在身邊，她才能盡情傾訴。

我曾說過：「女人可以沒有男朋友，但一定要有女朋友。」因為女朋友能貼心，就像有人說「女兒是媽媽貼身的小棉襖」，女朋友也是。真正知己貼心的朋友不可能會有很多，有緣得到時，一定要珍惜。

樂

在其中的那些情愛

1 — 情書

會去看《當北京遇上西雅圖之不二情書》這部電影，是「情書」這兩個字引起我的好奇，喲！現在還有人寫情書啊？電影不俗，用一本很多書痴喜愛的《查令十字路八十四號》作引子，讓在澳門賭場做公關的女主角，和在美國洛杉磯做房地產經紀人的男主角通起信來。兩人雖是做和人打交道的工作，但內心卻都是寂寞孤獨的，於是通信成了心靈的救星。

不過影片中的信，大都是男女主角讀出來的，讓觀眾體會寫信人的心情，當然勝於把信直接呈現在畫面上。兩人從未謀面，卻可以靠電影的技術製造心中幻想的形象，原來「情書」是這麼回事。

而《查令十字路八十四號》這本書是真正寫的信，而且一寫二十多年。

起因是美國一位女作家海倫．漢芙要找一本英國文學著作，寫信給英國倫敦一位書店老闆法蘭克，於是兩人就信件往來。先是討論買書、賣書，漸漸談到生活、家人、書店的同事，然後是生日或節慶的小禮物。美國人海倫熱情活潑，英國人法蘭克誠摯木訥，兩人的信讀來十分有趣。是友情的「情書」，不是愛情的情書。二十多年後海倫才有機會去英國，但法蘭克已去世了。現在這家書店早已改弦更張，但牆上仍然掛著「查令十字路八十四號」書店的紀念牌，據說是一些書迷的小小朝聖地。

在人們還用信紙、信封和筆寫信的年代，有很多有趣、或無惡意的促狹，或充滿情意的故事，先說電影吧。

巴西有部非常好看的電影《中央車站》，女主角在中央車站替人寫信。那些信的內容有的讓人發笑，有的讓人鼻酸。這位代筆人常不代寄信，吞下郵資貼補自己的生活，可說是個自私自利的婆娘。但由於一位少婦帶著九歲的兒子來請她寫信找丈夫，引出一段離奇的情節。有時會讓人笑出淚來，卻絕對地感動。

法國片《大鼻子情聖》，傑哈．德巴狄厄主演。此人愛上一位美少女，卻因臉上一隻大鼻子而自慚形穢。他的情敵是一個「顏值高」的富家子，想寫情書求愛，但無奈只是個綉花枕頭，文字一竅不通。大鼻子發揮才情，代寫情書，真的打動了佳人心，竟替情敵成就了好事。

代寫情書那時確有其事，班上同學、軍中同袍都有人仗義行俠，如果恰好愛的是同一個女孩，可能就有大鼻子那樣的傷心事了。有的人努力自救，於是《情書大全》一類的書流行起來。

有些女孩寫情書十分講究，信紙是有色的，淡藍、淺粉、鵝黃，甚至還有微香。再夾一小片花瓣或楓葉，加強濃情蜜意和思念。而等待和盼望信件的心情更是濃烈，杜甫的「烽火連三月，家書抵萬金」，李清照的「雲中誰寄錦書來……一種相思，兩處閒愁……才下眉頭，卻上心頭」，真真道盡了。看戰爭片中的士兵在沙場上收到家書或情書時的表情，太讓人難忘了。幸運的是幾十年來，不見烽火，年輕人不在沙場，而兩岸隔斷的那些年，有人輾轉接到家書，那種震撼和錐心的傷痛，全因薄薄的一兩張信箋在握而撫平了。

荷蘭畫家維梅爾有兩幅畫，一幅〈讀信的少女〉，窗前桌上的桌布有些凌亂，水果盤斜傾，穿黃衣的少女全神在讀手中的信。凝注的表情有極淺的微笑，是不是在偷讀情書呀？且不管桌布亂了，果盤歪了，讀情書是迫不及待的。另一幅〈穿藍衣的少婦〉，背景同樣是維梅爾喜愛的窗前。一位穿藍衣的少婦，微隆的腹部似乎有孕在身。身後的牆上掛著一幅大地圖。少婦是在讀著遠方丈夫的家書吧！是有真情意的兩幅畫。

除了有特殊目的的信件，所有的信都是有情意的。為什麼家人的信叫「家書」、情人的信叫「情書」，我猜是因為這兩種信大多是寫了綿綿密密的叮嚀和情意吧，再用「書」來比喻信的厚度和長度。

手寫信漸漸消失以後，用伊媚兒寫信極快速，於是寫信像紙上通電話。再漸漸地有些人覺得寫伊媚兒也麻煩了，Line、WeChat流行起來，家書、情書都成了電報。我也學會用這些時代產品，它們當然有快速方便的優點，尤其在緊急的時候。一按一揑就能通話，連字都不必寫啦。

我並不懷念寫信的年代，但家書和情書帶來的溫暖、濃情和浪漫是美好的。我不知道現在的士兵在沙場上怎樣得到家人或愛人的訊息？可是那種把信折好，滿心安慰和喜悅的放在胸前口袋，再溫柔地拍兩下的情景不會再有了吧！而維梅爾的黃衣少女、藍衣少婦，如果是敲電腦、滑手機？……啊！啊！啊！

人們擔心氣候急速變遷，其實人情也在變。聽新聞報導日本有些男性不戀愛、不結婚，甚至三十多歲還是處男，自己做飯自己吃，所以出現「處男飯」一詞。孤絕一人，無情無愛。如果讓他們看《當北京遇上西雅圖之不二情書》這部電影，會有什麼反應，我倒是很好奇呢。

除了有特殊目的的信件，
所有的信都是有情意的。

2 — 初戀與求愛的滋味

偶爾到台北市約會，都會提前十幾分鐘。喜歡在約會地點附近逛逛大街或小巷，有的櫥窗設計得像藝術品，有的小店風格很獨特，別有一番趣味。這天是在一條小街的一家小店，很安靜。幾位老友都白雪覆頂但身體尚健才能出門。阿英最是精力旺盛，每次都由她邀約，一坐下來就說：

「真難啦，有人今天住女兒家明天住兒子家，有人耳朵不好不接電話，大家都要問聚會的餐廳廁所在哪裡？上樓不行、下地下室也不行，我看能聚的日子越來越少囉。」

大家笑得有些失落。阿英身邊站著一位面容依稀有點印象的中年人。

「這是我的小兒子。」她笑著介紹。

「怪不得像他爸爸，像老師。」

「喂！你知不知道你爸媽談戀愛我們幫了很多忙耶！」大家又瘋笑起來，中年兒子面對幾個老阿姨，有些尷尬。

像是天寶遺事啊，六、七十年過去了。在那純真年代，大家都窮，富二代還沒出生，所以沒有「只要有錢像豬也行」這樣的傳言。那時很多男孩女孩都有點傻傻呆呆的，很少花言巧語，一心一意談戀愛談結婚。當然也有談不成分手的，悄悄分手，好像沒聽過什麼「恐怖情人」，因此大都順順當當結婚。至於婚後幸不幸福，那又是複雜的人生故事了。

因為身邊有年輕的朋友，他們告訴我一些現在流行的上網「求愛」，像是「有人要愛愛嗎？我住在××，最好是附近的。」（簡直懶到家了）「有人要愛愛嗎？×點鐘到××會合吧。」我老人家聽得目瞪口呆，匪夷所思！

還記得約莫二十幾年前吧，一位朋友從美國回來度假，住在學區附近一家旅社。見面時驚訝地說：「住了幾天妳猜我看到什麼景象？進進出出都是小鬼頭來開房間，竟然還有背著書包的呢！

「美國年輕人不是更開放，妳幹嘛大驚小怪。」我故作鎮定，其實心裡也有點大驚小怪。

「唉！我不是老古板，在美國也的確看多了，只是沒想到這裡的孩子居然也這麼開放。十幾年沒回來了，記憶中十多歲的孩子是很純樸的。現在的年輕人這麼早就把成年人的事幹了，將來還有什麼新鮮事。」

二十幾年過去，年輕人的愛和性之間的距離更短了。誰也不能評論是好是壞，潮流是無人可擋的。「歌德」的一句「哪個少年不多情，哪個少女不懷春」，簡直傳唱百年了。每個人都有情竇初開的，永遠忘不了的記憶吧！但這句話好像是更純情吧，上網上旅館似乎跟這句話搭不上邊呢。

我對女兒講過七十三年前我十三歲時的「情事」，在已故女作家蘇雪林的家鄉，安徽省太平縣的一所中學。學校是山裡一座大祠堂，師生都住校，校內的一間廳堂還有很多牌位供著。有天我好奇地走進去想看看牌位上寫些什麼名字，忽然一位高年級男生尾隨進來，怯生生地遞給我一封信，說是他咬破手指寫的。我的心像跳出口腔一樣愣住，接著伸手打了他一耳光，狂奔出門！我不知是不是祠堂裡的幽暗和血的聯想把我嚇到了，打他是恐怖誇張的勇氣。我從沒看清他的長相，以後也沒見過，但一個男孩寫信給我，這事在我心中隱隱挑起了什麼。

那時有幾位流亡大學生到學校教書，記得教音樂的老師高高帥帥的，有點像歌手王力宏，一些年齡大點的女生看到他會臉紅。但我獨「鍾情」地理老師，二胡拉得好。父親也曾要教我拉二胡，我不知道有沒有什麼心理上的牽連，反正每晚會到他宿舍外面聽他的胡琴聲幽幽地飄向窗外。當時正在讀巴金的《家．春．秋》，裡面有些愛情故事，竟把自己套進去了。女兒聽時的表情像在讀小說，還問我那後來呢？我說後來當然沒結果。

告訴女兒是讓她知道，誰在年輕時都想談戀愛，她如果碰上了可以和我談。女兒那時讀初中，有天一個男孩上門找她，莫名其妙的我緊張得心跳氣急。開門後女兒應聲出來，然後告訴我那是她同學，然後兩人就一起向我說再見。後來我思考自己的反應，第一是驚覺女兒長大了，有男孩找上門了。第二是戀愛這樣的大事，怎麼我都不知道！但後來他們確實有事要商討，並不是談什麼戀愛。而且女兒和我是可以談心的朋友，她真正談戀愛時，我們交換過意見，結婚時助她一臂之力。

話說回來，男女之間究竟有沒有所謂的「純友誼」呢？就看這段朋友（或同學）的情誼到後來是會擦出火花，還是始終「淡如水」了。

3 — 戀愛容易分手難

人生的幸與不幸真是極大的謎團，在戀愛道路上，有人順利幸福；有人坎坷不平，甚至險象環生。

A現在家庭生活很幸福，孩子都發展正常，丈夫多年來情不變。當年若不是用智慧和毅力擺脫那人，至今生活如何不敢想象。其實那人有才氣、顏值高，但內在的性格很難看出來。男女都一樣吧，等到交往一段時間後，才發現「怎麼是這樣」，要解離就難了。

第一次事件是A在街上碰見一位男同學，兩人因長時間沒見，自然很「親熱地」歡談。幾分鐘後那人拉起她的手，板起臉就走。

一路上問那是誰？你們什麼關係？同學？同學會那麼親熱？她氣得掙脫手跑開。晚上那人跑來她住處，敲門，一直敲，她只好打開。一進門他就柔聲道歉，並且發誓以後絕不再這樣。

下一次，在電影院她旁邊坐了一位男士，這男士看了她一兩眼，那人拉起她要換位，但他隔壁也是一位男士，於是強拉她走出電影院。接著又上演了前些時那一幕，她發脾氣，甩手跑，他跟著道歉，而且比上次更虔誠。

再下一次，在街上一個男人撞到她。妳為什麼不躲開？撞到妳胸口了妳都不閃？是不是故意的？

又一次……

她決心要分手，那人聲淚俱下地懺悔，於是她心軟，於是舊戲重演。

再又一次，那人痛哭說分手就自殺！

一次次的，她從剛開始的氣憤對罵到說情說理，但都阻止不了那人突發的無理言行和一次次道歉，甚至還下跪發誓，她要分手那人要自殺。後來她不爭吵，也不責怪他，只說問題在她自己，他如真要自殺，她也無能為力。這樣堅持幾次以後，終於結束了這段緊張的關係。

談戀愛容易分手難，聽說現在有些大學教戀愛分手學。我不知道是社會風氣改變影響了人性，還是其他原因。記得以前有讀者對我說她想分手，男方說要殺她，有的甚至要殺她全家。我總是「勇氣十足」地回答：「別怕，他不會也不敢！」但現在我不敢說了，社會新聞上那些我不相信的情殺案，有些根本連情都沒有就殺人了。看來分手學是必要的，戀愛是有這樣的多面啊。金代詩人元好問的「問世間，情為何物，直教人生死相許。」可不是這樣的生死相許吧！

B開朗樂觀，但有點小迷糊，尤其對數字。戀愛的男友有「高顏值」，而且理性、頭腦清楚。戀愛中一起去買東西，她還在幾加幾等於幾的算著時，男友早就答案說出來，並說剛才另一家東西一樣，便宜多少多少。她佩服死了，甚至崇拜男友有這麼聰明的頭腦。但一段時間以後，她隱約覺得購物不像以前那樣輕鬆愉快，可是「過日子不就該這樣算著過嗎？」她一向隨便慣了，是要計算一下，尤其將來結婚更需要如此，絕沒想到這竟是他們婚姻的魔障。

婚後經濟大權當然不能交給她，每日發錢，用多少必須記帳。因為很快懷孕所以辭職在家，自己沒了收入。拿著日用錢，帶著小本子，每項支出都要記上，否則她一定忘記，一定答不出丈夫問的：這個多少錢？父母生日想買點禮物，要通過丈夫考量多少錢，該不該，值不值得去買。孩子三、四歲時，她終於在擔心自己會得憂鬱症之下，毅然離了婚。有人說她小題大作，她知道自己的本性被嚴重的壓制，只有自己知道多痛苦。戀愛不會改變人的性格和價值觀，婚前也許有疑慮時，要理性思考一下吧！

年輕人為戀愛和父母翻臉離家出走的事件在這個年代不多了，至於像以前那樣把子女「囚禁」的更只有戲劇裡的情節。父母甚至真的「敢怒而不敢言」，只把心掛在孩子身上吧。

和兩位老書迷朋友輪流讀完二〇一八年誠品書店排行榜第二名的《想把餘生的溫柔都給你》，我們曾對這麼年輕的作者用「不朽」做筆名咋舌。據說這本書的銷售量已超過幾位名作家，我們老人家很好奇不讀紙本書的年輕人竟掀起購書潮？這書到底寫些什麼？

作者文筆不錯，詩樣的散文，而且寫的是我們熟悉的戀愛「方式」。她喜歡看他，雖不急切地要他，但關心著他。有一天分離了，雖心疼也不會要死要活，成了美好的回憶。有可以陪伴的人在一起時，「我們會在時光裡不慍不火地陪伴著彼此，也許不再會有讓人心動的情節，取而代之的是最平凡的日常……」。

是的，無論多麼轟轟烈烈，或風風雨雨、或快樂甜蜜的戀愛，如果不分手，最後都是落入日常，或婚姻或同居。童話故事、愛情小說，絕大多數都是描述「有情人終成眷屬」前的高潮迭起，至於「王子和公主」結婚後的生活如何，因為太過「平常」，就不再贅言了。

4 — 年齡絕不是問題

男女談戀愛時，女方的年齡簡直就是魔咒。有位年輕朋友在某次我演講後悄悄地問我：「可以請教妳一個問題嗎？」

她的男朋友比她小五歲，父母知道後堅決不准她和對方交往。她自己也在猶豫，如果結婚以後她越來越老，丈夫一定會嫌棄，何況女人本來就比男人老得快。我聽了當場愣住，因為她看起來約莫二十七、八歲，職業女性的樣子。可是她的神色還很天真純淨，是父母保護得很「緊」的女兒吧。

談戀愛、結婚，男大女小好像是「天定」，而且大到可以有楊振寧先生那種等級，一般人當然是「順從」的，有人說是自然的。

「妳是不願違背父母呢？還是擔心自己太老？你們真的相愛嗎？男朋友常提妳的年齡嗎？」我問她。

「父母人生經驗多，我覺得他們的意見應該要聽。我擔心如果結婚以後會發生的問題，他倒是沒提過，我們認識不久我就告訴他我的年齡了，因為我知道他多大，一開始我是想拒絕他的。但後來漸漸地就產生感情了，他雖說年齡不是問題，可是我心裡總有個疙瘩在……」

「妳自己的意思呢？接受還是放棄？哪個比較重哪個比較輕？」

「我覺得年齡也不小了，好不容易找到彼此都合得來的對象，很不想放棄耶！」她沉吟了一會回答。

「妳已經自己找到答案了，照看自己意思做吧。對了，妳可以上網看看法國總統馬克宏的夫人，她比丈夫大二十四歲！」我笑著看她，她一臉狐疑的回看我。

馬克宏的妻子布莉姬不靠年輕，不靠姿色，她懂文學，有品味，浪漫也理性，勇於做自己。大二十四歲又怎樣！兩人之間有情才是重要的。生活是自己過的，不是為別人，甚至父母，那不屬於孝道。

戀愛和婚姻中年齡絕不是問題，丈夫外遇理由千百種，如果因為年齡那也只是理由之一而已，人格才是重要的。最近社會上出現一些「恐怖情人」，讓人驚心動魄、毛骨悚然。警方公布了「恐怖情人七特徵」，年輕的女性朋友可以上網看看。

戀愛卻也是是一種心甘情願的煎熬，我知道有一個女孩愛上一個她自己認為條件比她好的男孩。那男孩永遠走在她前面，她毫無怨尤地跟著。在朋友間以有這個男友為榮，覺得別的女孩都羨慕她。大學時他們同居了，女孩事事伺候著。男孩只要專注於自己的課業，女孩則只求成績過關。男孩鋒頭很健，女孩享受這榮耀。她的目標是畢業後結婚，有美好的家庭。其實悲劇已經隱藏在背後，一畢業男孩就表示他的未來需要更多的時間去努力，所以沒時間和她在一起。任她如何哀求，甚至以死相脅，男孩終究決絕地離去。女孩從自殺邊緣被救回，後來父母送她到國外去了。

戀愛是任何人都阻止不了的，有的是喜劇結果，有的是悲劇結果。《梁山伯與祝英台》、《羅密歐與茱麗葉》是悲劇。人們只能眼睜睜看著，若更不幸是慘劇，捶心肝也無奈。

有位朋友在女兒去約會時，交給她一個保險套，女兒坦然接受。

「妳這傢伙未免太前衛了吧！妳怎麼跟女兒說的？」我們笑罵她。

「你們都知道未婚懷孕或生孩子，問題更麻煩吧！」，這年頭你能阻擋孩子約會嗎？我告訴她絕對不能懷孕，並且告訴她一定要堅持這防範的動作，這是我們母女之間的約定。」

真的，常有年輕女孩把剛生的嬰兒丟公廁或野外，無知的悲劇讓人嘆息！

一位小朋友約我在淡水山中一家咖啡店見面。海有海的遼闊美，山有山的深邃美，尤其很多年輕人設計的風格，都很有特色。但坐在我對面的女孩卻一臉愁苦，完全不看一眼周圍的景色。

「妳說，他為什麼會對我這樣？我們在一起兩年多了，他為什麼會變！那個女人真的比我好嗎？那為什麼我們在一起兩年多他都是愛我的？他講的理由我不能接受，現在不愛我以前為什麼愛我，我又沒變！」她蒼白著臉，紅腫的眼向我丟出一大串問題。

我讓她盡情地丟，她要的是傾訴。

「分手的理由妳不接受，妳沒變但是他變了，沒理由可說。好好地活下去，失戀不會死！」在將近兩個小時的傾吐中，她一直執著地問我「為什麼」，這三個字像用強力膠黏在她心上一樣地撕不開，我只好無情回她這句話。

「妳沒失戀過，妳不懂，我現在就想死！」她幽幽地垂淚。

「我沒失戀過？」我差點笑出來。有戀愛就可能有失戀，這事太平常，我的初戀就是失戀結束的。

像所有的戀人一樣，我和初戀情人經過滿足幻想，嚐過相伴的甜蜜，一年以後他說：「對不起，我們分手吧。」理由是「妳不會照顧人，像個男孩子」。說得有理，在我年輕的時代，絕大多數女性照顧男性是「天職」。我失魂落魄一陣子，反覆思考男友那句話，覺得那就是我呀，我怎麼改？最後吐出一句「去你的！你自己照顧自己吧！」出了心頭氣！

失戀真的不會死，反而會更了解人性。下次戀愛時知道要避開什麼人，選擇什麼人。

有些話太需要理性思考了，像是「沒談過戀愛的人等於白活」、「沒結過婚的女人就是沒人愛，所以一定要結一次，再離都行」、「生過孩子的女人才完整」，你要是信，就等於把自己綁死了。一個完整獨立的人不需要這些附加價值，她可以自我完整。更何況戀愛、結婚、生子都不是自己努力就能辦到的喲。

也是一位年輕的朋友寫信給我：「同宿舍的三人都有男朋友，她們在一起就談誰的男友如何如何，誰的又如何如何，我都搭不上話，我太寂寞了，可是到哪裡去找男朋友啊？」

我記得這麼清楚是因為這女孩太單純了，但她也提出一個現象——戀愛可以解決寂寞嗎？約會、談情說愛是很多姿多彩，可那只是生活上的和情感上的一些活動。如果你有其他更深層的精神追求，譬如：自己未來要成為什麼樣的人，有沒有什麼專注的興趣發展成專長等等，談不談戀愛就不那麼重要了。更何況戀愛和婚姻大都是「可遇而不可求」，現在生孩子倒是有科技能幫忙了，未婚照樣可以生孩子。戀愛和婚姻不屬科技範圍，是人與人之間情感的活動。

美好的戀愛當然是讓人神魂顛倒、心弦顫動的，不能強求，不能昏頭。戀愛可能是婚姻的前奏曲，但如果不結婚，也是「傷筋動骨、揪心傷神」，要有點理性啊！

5 — 如果老公外遇了

地球暖化氣溫高升，花兒都不按季節開放了。十一月裡在山坡看見點點白花在枝頭，大惑，近看樹幹上的牌子標誌著桃花。怎麼？不是「春季裡來桃花兒開」嗎？但它就是開了。春節期間陽光曬得人皮膚痛，路邊的杜鵑花像發瘋似的爭著開滿四處，也不是歌詞中「淡淡的三月天，杜鵑花開在小山邊」了。

人們大大小小在戶外曬太陽，年輕人脫得穿短袖，孩子們奔跑嬉鬧，發出金屬般的笑聲。我也在小路上散步，看見前面一對銀髮夫妻手牽手輕輕甩著，我稍趕兩步聽見兩人還小聲唱著歌呢。回家後用「賴」告訴朋友，有一位說是老情人吧，老夫妻會這麼浪漫？大家圍剿她說怎麼不可能。其實朋友們的婚姻都很好，但大都「落入尋常」。恩愛不用表現，日常生活中已有卿卿我我了。

忽然手機鈴響，是阿惠用賴打來的：

——喂！阿珊的女兒小玉自殺了！

——真的！為什麼？前一陣還看見她！怎麼又有一個傻女人為丈夫外遇自殺？

——還不是她那渾蛋丈夫又搞外遇了。這小玉也是傻，丈夫外遇也不是第一次，乾脆離婚算了，犯得著把命賠上？太不值了。我們現在去看看阿珊，她正在醫院陪女兒。

我立刻收拾出門。小玉是個敏感纖弱的女孩，清秀的小臉笑起來甜甜的，我們這些阿姨都很喜歡她。結婚十多年了，有一男一女，到最近這幾年不止一次聽到她丈夫搞外遇，阿珊頭疼得要命。做老媽的只要活著就得為兒女操心，女婿外遇也成了我們的話題，但誰又能為這問題解套呢？

外遇是人類婚姻中古老的故事了，幾乎是有婚姻就有外遇。而妻子的反應則大不同，以往是一哭二鬧三上吊，今天多了離婚，是古代女人沒有的權利。

有人夫很委屈地說：「我是被逼出來的，她成天疑神疑鬼，什麼什麼時候到哪裡去了？跟誰？為什麼不接電話？回到家就翻我的衣服、皮包，我一賭氣就找小三，看她怎麼辦！」

還有人說：「一回家就柴米油鹽、孩子，煩死了。」

有時看起來丈夫外遇好像不是單方面的，俗話說「蒼蠅不叮無縫的蛋」，是不是婚姻中出現什麼問題？現代人生活型態不一樣了，以前常聽說「進入他的心，先通過他的胃。」賢妻要會做一手好菜。有次我去買一只鍋，店員竟問我妳自己開伙嗎？很多家庭外食，做菜變成一種休閒活動了。也許做丈夫的紅粉知己，比做傳統的賢妻更符合現代人妻吧。也是一位社會學教授說的：「越是傳統的賢妻良母，丈夫越容易外遇。」看來夫妻相處也要跟著時代走了。現代很多女性知識和常識都比較豐富，也比較獨立。但也有反駁：「什麼都擋不住一心外遇的丈夫，所以沒什麼因果關係，碰上了就看有沒有智慧來解決吧。」

有位人妻選擇裝聾作啞，然後增加家用費，自己置裝旅遊，逍遙自在。有些男人既要小三又要家庭，她說：「可以呀，只要你養得起。」

還有一位性格爽直，知道丈夫外遇後，說：「什麼小三小四，沒感情就是沒感情了。既沒感情就不強求，何必扯扯拉拉，人生很短還要浪費嗎？」

她很快辦了離婚，帶著兩個孩子生活，不帶怨恨，不當怨婦，沒有再婚，孩子們也身心健康地成長。她說：「離婚是人生的一個過程，每個過程都要勇敢理性地度過，才能繼續往前走。」

有人說男人外遇是因為一夫一妻的婚姻不合人性，不知是誰說過：「如果天下的女人都長得一樣，性格也一樣，我就不會想外遇。」

也許這真的是事實吧，交小三沒錢是辦不到的，就算小三不要男方的錢也辦不到。因此聽說有些人妻每天發給丈夫零用錢，但又聽說丈夫會想方設法把交給妻子的錢變少，自己的私房錢增加，真有趣，諜對諜。而決心外遇的男人是非常「堅定」的，有位人夫從結婚第二年就開始外遇，然後「一路外遇玩到老」，去世前還有一位比女兒年輕的小三。「成全」他的是那絕不離婚的妻子，因為她說離了婚就便宜了他們，他們就能正正當當結婚了。她戴著這「枷鎖」，直到丈夫去世才解開。

當然並不是所有的小三都是因為那男人有錢，曾有一位讀者對我坦露心聲：「我們是舊識，當年因為不得已的情況而分手。幾年後再遇見，好像是很自然地就走在一起了。也曾經再三想斷掉，但實在難以割捨。明知會妨礙雙方家庭，可是太難下決心了。」

我無法給任何意見，因為他們知道不該做的事情，卻不能不做，除了當事人自己解鈴，那鈴是不會鬆脫的。這種有真情的外遇，也最難解決。

不少小三可能盡一生努力要爭取名分，這是人妻最大的敵人。

「恨不相逢未嫁時」是人生憾事也是恨事，但人生總是有憾吧。有人婚後發現「嫁錯了人」，也是憾事。不過在外遇這件事上要拚命的常是人妻，好像很少聽到小三要自殺。一位心理醫生說得有趣：

「這是動物護食的心理，你去搶任何一隻動物盤子裡或嘴裡的食物，他都要跟你拚命。」

喔！說得有理，不過人的大腦勝過動物，應該有各種解決的方法吧！自殺或殺人的，拚命都解決不了問題。

「那也有例外，有的妻子會衛護丈夫，幫忙否認丈夫有小三啊。」一位男性朋友悠悠地說。

「誰？誰那麼大肚量？」

「政客的妻子嘛，你們看新聞，如果有個政客被媒體挖出來有緋聞，他太太會跟他並排站在鏡頭前，很誠懇地幫丈夫否認啊。」

「那當然，政客太太的地位和丈夫是一體的，丈夫要是被拱下台變成普通人，她就成了普通人，不是官太太了。」大家幾乎異口同聲地嚷起來。

有位前衛的人妻說：「發現他有外遇時，我不吵不鬧，只問他你斷不斷得了？他吱吱唔唔，我說沒關係，你真斷不了的話，你就繼續，但我也要有交男朋友的自由。我們好好坐下來談談如何在這個家裡公平分配一切，大前提是絕不能影響到孩子。」

後來呢？追蹤報導是他們離婚了。這方式可能適合西方，但在我們這裡卻容不下。尤其很多男人自己可以有小三，妻子絕不可另有男人。

「現在很難說啊，社會變成什麼樣子，我們這一輩已經不了解了。前些時候我孫女要我見識現代人有多開放，她打開電視一個頻道，竟然公開在談性交！唉，這不是限制級節目，網上隨時可看。我不知父母怎樣面對孩子，如果正碰上他們在看。這不是專家在講性知識，簡直是毫無遮攔地口述春宮嘛！」一位老友在大家談外遇時，忽然有感吐出這麼一段讓我們目瞪口呆的見聞，她竟還有些驚魂未定的樣子。

如果社會這麼開放，也許有一天婚姻的形態改變，根本沒有所謂的外遇問題。

其實現在妻子外遇的新聞也常看見，女性有了經濟力，有了活動力，當然也會像男性一樣有「外遇力」。但家有外遇妻的丈夫絕不可能自殺，殺人倒是難說。唉！不過丈夫外遇殺夫的也不是沒有啊，如何好聚好散，真是很大的問題。

走出醫院，阿珊問我：

「如果兒子或女婿外遇，我們要不要管？」

「妳管得著嗎？那是人家夫妻的事。請問妳能做什麼？妳去管就叫狗拿耗子，多管閒事！」

阿珊捶了我一下。在暖暖的冬陽下走著，我們的心都不輕鬆。

晚上死黨們在賴上紛紛發表意見：

——別操心了，現在很多人都不結婚了，沒了婚姻哪來外遇？這兩個字很多年後會成為歷史名詞啦。

——沒有小三還是有情敵，你死我活的戲還是會上演。

——喂！你們都不看新聞嗎？現在人類已經發明性愛機器人，據說還在不斷研究改進，要做到和真人一模一樣。要小三就多買幾個回家，誰跟你爭呀！

各種各樣的貼圖都出現了，我笑著關了手機。

6 — 不婚也可以很快樂

住在近海的小鎮，夏季最美的是在海邊看夕陽，沙灘邊小道上漫步，一個人坐在石頭上冥想。偶爾和住在鄰近的朋友阿琴一起聊天，她比我年輕但也做祖母了。

「妳說現在的小孩都在想什麼呀，我那孫女小珊二十四歲了，她媽問她什麼時候會跟男友結婚，她說幹嘛要結婚，現在這樣很好，我女兒很著急又不知怎辦。」有天我們在滿天像倒翻了顏料盤的晚霞海邊，她忽然感慨地說。

不婚好像忽然吹起的旋風，很多年輕男女要一個人過日子，有異性朋友的就兩人各自過日子，什麼「草食男」、「佛系男」充滿日本味的名詞正夯。我很愛看新鮮事，讀了很多相關資訊，覺得這也沒什麼不好。女性的教育程度提升，普遍都有職業、有收入，最起碼能養活自己。性也不需要婚姻解決，又不想生孩子，養個寵物就是最好的伴侶。懷裡抱的、娃娃車裡坐的，常常是小狗而不是嬰兒，沒有人能像狗一樣忠心溫馴，婚姻的價值已幾近零了。至於國家因新生人口減少而造成的種種問題，又不是靠我一個人來解決，所以只有一些未嫁女的母親為女兒婚姻而焦慮。

「告訴妳女兒，別皇帝不急急死太監，對成年的子女要放手啦！結不結婚真的是他們自己的事喲！」我笑著對阿琴說。

「那就不管啦？」阿琴朝我翻了個白眼。

「不管！」

自己婚姻還不錯的母親，擔心女兒不婚將來沒人照顧陪伴，而有些母親自己婚姻並不美滿，卻急著要女兒結婚，可見傳統觀念之堅可不摧。但是也不必擔心吧，至少在可見的將來婚姻不會消失，孩子會繼續出生，人類還不會滅絕！

我和阿琴並坐在一段漂流木上，她聽我說不管好像鬆了一口氣。落日漸漸隱進海水，明天它會從東邊再升起！

如果婚姻真如錢鍾書說的像「圍城」，在城外的只有一個目標——攻進去，攻進城後才麻煩一大堆。寫愛情和婚姻故事的題材真的取之不盡，用之不竭，而且有些匪夷所思，不相信真有其人、真有其事，但讀小說常見。前些時讀鍾曉陽的《遺恨》，佩服作者聰明、頭腦清晰，書中人物關係複雜，情也複雜，豪門恩怨情仇，這種家庭婚姻，別說寫了，我讀都讀昏了。

讀蕭颯的《逆光的台北》會被女主角嚇倒，對愛情的執著到了恐怖的程度，但不是愛丈夫。

家人關係也是複雜，且婆媽都讓人討厭。

也讀過一位家庭主婦如何扭轉心情上的困境，美國作家安・泰勒的《歲月之梯》。女主角黛莉亞的丈夫是醫生，經濟沒問題，有兒有女，中產階級的家庭主婦，不胡思亂想的話，日子很好過。但有一天她不聲不響的搭上一輛陌生人的車，來到一個陌生的城鎮，開始一人生活。為什麼？只因為覺得家人對她漠不關心，「連她眼睛是什麼顏色」家人都說不出來，丈夫規矩卻不懂體貼，孩子大了不需要她。在小鎮一年，她找到工作養活自己，每天讀小說不寂寞；她是一個獨立的人。不過最後她還是回家了，環境不變，生活不變，孩子不變，丈夫不變，獨立生活變了她的心態：知道自己的價值，不需要別人來評斷，心中有自己的天地。結婚不是「滅」掉自己，也不是要靠家人來肯定自己。只要有情在，形式不重要。

不結婚容易，但選擇卻需要智慧。記得兩年前吧，有天午後和朋友在淡水河邊老榕樹下散步，台灣難得的春天氣候。迎面兩位都穿長裙的女士和我們擦身而過，忽然：「請問，妳是……」其中一位轉過身來問：「薇薇……」

「妳認識我嗎？妳這麼年輕。」我笑著問。

「我媽是妳的粉絲，她買了妳的《美麗新生活》，書裡有妳的照片。」

我的朋友站著聽我們談了幾分鐘後，就自己閃進旁邊的咖啡店去了。是兩位三十多歲的小朋友，閒談幾句之後，說：「請問可以耽擱妳一點時間嗎？可以跟妳談談嗎？」於是我們在榕樹下的石凳坐下來，一個多小時後才分手。朋友問我：「妳認識她們嗎？」

「不認識。」

「真敗給妳了，不認識也能談這麼久。妳當然也不知道她們姓什麼囉。」

「嘻嘻！她們認識我。」

「虛榮心作祟！」朋友捶了我一下。

我知道她們的工作都不錯，但卻困擾於感情問題。因為曾經談過幾次戀愛都不順利，又覺得被年齡催趕，成了媒體上說的「大齡剩女」。談戀愛好像是更年輕的人才有機會，結婚則是可遇而不可求，不婚在觀念上又沒那麼新潮。心情好時覺得現在的生活很好，心情壞時覺得煩燥不安。大部分時間她們說我聽，因為如何生活是一個選擇題，而如何選擇又因各人的性格和價值觀來決定。套一句現在的語詞是「跟自己對話」，你不在乎別人口中的「大齡剩女」就可以活得自在。你不把年齡擋在前面，任何年齡都可談戀愛。結不結婚都在自己不在別人，而每一種生活都沒有絕對的幸福美滿。兩位小朋友傾吐了以後，高高興興的和我說再見。

觀音山前的落日正輝煌，彩霞炫目，天和海壯闊的鋪展在眼前。朋友和我靜靜地佇立，我知她和我一樣心平氣順。我們這一代年輕時沒那麼多選擇，大多數是結婚生子，踏實生活。沒有選擇好像沒有自由，有自由又有煩惱。現在是一個選擇的時代，年輕人可以按自己興趣學習發展，到了「結婚年齡」，可以自己決定要不要結婚，但也考驗每個人選擇的智慧。

7 — 宿舍裡的兒女大小事

我丟開《太過野蠻的》，把一籃髒衣服丟進洗衣機，按鈕一按嘩啦啦開始洗起來了。別說那書中女主角沒有洗衣機，那時的我也是雙手萬能啊。現在幾乎沒聽到「妳怎樣兼顧家庭和事業」這問題了，各種「機」減少了主婦的家務，應該有更多的空間給自己吧，但仍然有人抱怨壓力好大啊，好累啊，我知道其實這來自社會的價值觀改變。劇烈的競爭、金錢的誘惑、地位的不平……吳曉樂的《上流兒童》寫出一心想讓孩子進貴族學校的母親，真的是壓力好大啊，好累啊，連我讀著都喘不過氣來了。

我那時有問題是靠自己解決的，「家事不是母事」，所以全家人分擔家事。最好玩的是兩個小男生洗碗時，廚房窗外會有幾個小鬼頭叫著出來！出來玩！小男生抱怨：「為什麼人家都不用洗碗？」我說：「你可以叫他們進來幫忙洗，洗完去玩。」洗碗是排好班表的，小男生挺義氣，輪到哥哥或弟弟時都是兩人同時上場。姊姊很高興地說：「媽，我們家最平等了，我同學家男生都不洗碗。」

其實她應該謝謝外公，我父親從小就告訴我們女孩不必學家事，將來都有機器做。

家裡只要公共場所維持整潔，孩子們的房間我不管，我不會一邊嘮叨一邊替他們收拾。所以在職業和家庭兩頭燒的情況下，雖然不能在陽台上看書喝茶，但可以每天寫一篇專欄，讓我的情緒得到平衡，儘管不能那麼悠閒。

其實最大的壓力都是來自價值觀。記得電視剛出現時，鄰家買了一台，宿舍裡的小鬼們到時就轟進去爭著看。有一天小老三哭著回家嗚咽地說：「X媽媽講我的腳沒洗乾淨，不讓我看。」當時心裡一陣刺痛，摟著他小小的身子說：「別哭，我們自己家買電視。」多年以後的現在，我剛讀完一本美國驚悚恐怖小說大師雪莉·傑克森寫的《樂透》，書中既無鬼靈，也無血腥謀殺，都是鄰居間的平常生活，張太太李太太之間的對話。但其中隱含著的忌妒、競爭、計算、比較、歧視……有時真的不寒而慄。

「電視事件」一直讓我難忘，我們是怎樣節衣縮食才買了一台。和現在有些講究生活品質的家庭，不讓孩子看電視是截然不同的。那時就需要一台電視才能不讓孩子心靈受到傷害，幸好住宿舍，貧富差距不那麼大。沒電視的家庭還很多，偶有電視的都「善門大開」，讓鄰居家小鬼頭們同樂。現在大多數人住公寓大樓，對門隔壁不相識，雖疏離卻也少了那些情緒上的干擾。不過只要有團體，這些情形仍在：學校、職場等等，並沒隨時代改變而改變，甚至更顯著了吧，弱勢家庭的孩子需要同情和幫助。

孩子有出息、父母有面子，那個年代成績好進名校是最大的出息。有人家孩子考上名校還放鞭炮呢！我在戰亂中長大，沒受完整教育，相信人可以靠自己走出適合自己的路。加上兩件讓我印象深刻的事，決定不逼孩子「進名校」。一是某年宿舍裡一位年輕教授自殺，原因是他到國外再進修時，同班的竟有一位是他的學生，而且成績竟比他好。他的自殺在宿舍引起很大的轟動，孩子們不敢出去玩，大人們感慨的是這麼好的年輕人就沒了。另一件是去參觀醫院的精神科病房，有好幾位病人是從國外送回來的，都是在國外讀書不能適應，有一位聽到醫生講英文就發病。那幾位年輕的病患，看起來都很聰明，但眼神渙散、甚至有點恐懼恍神，看了真不忍。

當下我就想，絕不強迫孩子進名校，我要他們身心健康，快樂做個有用的人。

讀書好成績從來不是逼出來的，有位朋友愛打牌，早上起不來兒子會說：「媽，妳好好睡，我自己會買早點。」結果這孩子保送台大，我們都笑罵她好狗命。

我只觀察孩子們的性向，問他們最喜歡什麼，將來要做什麼。那時有不少年輕讀者跟我訴苦，為了什麼什麼原因做了現在的工作，做得痛苦不堪，但又無法不做。現在的年輕人幸福多了，有多樣性的選擇，父母大都也不逼孩子進名校。成年以後會讀書的反不如會賺錢的子女受重視呢。

孩子們喊我「媽同學」，女兒會告訴我她喜歡哪個男生，兒子考我會不會念「李奧納多．狄卡皮歐」，我則考他們知不知道「李奧納多．達文西」。現在女兒和我談心談不完，兒子和我一起看東野圭吾，我和他們一齊長大。

職業婦女最忙碌的是下班後，一進家孩子們就很「勢利」的不理幫傭的人了。除了不必做飯打掃以外，要做一切的事。孩子們放過在一旁看報的爸爸，卻纏著手忙腳亂的媽媽。那時每家至少有兩三個甚至更多的孩子，媽媽們有三頭六臂都不嫌多，永遠睡不夠。我的詭計是在兩兄弟大戰時假裝中彈倒在沙發上閉眼小睡，有次真睡著了，小老三趴在我身上邊哭邊搖：「媽媽！妳不要死！不要死！」姊姊和哥哥在旁大笑：「媽媽騙你的啦。」

我是個「天掉下來有高個子撐著」的大樂觀派，記得非常清楚，一九六九年七月二十日阿波羅號太空人登月球，我們住的宿舍還沒蓋好浴室，只有簡單的廁所。大家就在四周有圍牆的院子洗澡，孩子們邊洗邊打水仗樂得很。二十一日看到電視轉播，我抬頭仰望天空，心也飛上去了，幻想自己登上月球，環視無垠太空。完全沒想到無浴室的簡陋，浴室蓋好後孩子們反而不願進去洗澡。也許就是這種身在塵世，心常飛翔的性格，讓我不因艱困、痛苦的現實生活而喪志而悲觀吧！前些時候讀《那時的先生》，在生活極困苦時，梁思成和林徽因典當過日，梁常對孩子們說：「這只錶紅燒了吧！」、「這件衣服可以清燉嗎？」這才是何等的幽默豁達！

用自己喜歡的工作養活自己，
是最大的快樂。

8 — 別當「媽寶」製作人

買了小小的兩盆螃蟹蘭吊在欄杆上，很奇怪的生長方式。在葉尖上先是孕育著紫米般的迷你花蕾，幾天後開出粉紫色的小喇叭花，伸出一小束白絲花蕊頂上點著紫紅，喇叭底下有小小的紫粉花托。從小花蕾到喇叭花開，葉片好像一直含著花朵不棄不離。我凝視它們，覺得這關係很像母親和子女，一直呵護他們長大。

女兒和兒子兩家寒暑假輪流回來，我很喜歡觀察他們和他們的孩子如何相處。發現最大的不同是孫輩和他們的父母都能打成一片，這在上一代大多數家庭是很難的，尤其是和父親之間。尤其是功課不好的孩子，一句「成績單呢」就天地變色了。也許是我的父親「前衛」的影響，也許是寫專欄收到一些年輕人對父母的抱怨，我決定和孩子們做朋友，在他們逐漸成長中我減少母親的角色，增加朋友的分量。沒大沒小，快樂融和。女兒和我一聊天就沒完，兒子生日時我問「又長一歲是否頭髮變少，鬍子變多？」他回「頭髮和鬍子都依然茁壯」。我們在手機上相對大笑。

剛做媽媽是萬分喜悅、十分緊張；剛做婆婆是萬分緊張，十分迷惘。因為媳婦是陌生人卻要變成家人，你不知道要怎麼跟她相處，尤其我自己沒有婆婆。一開始我只觀察，當然不會要求她對公婆晨昏定省，只看她如何跟兒子相處。一段時間以後發現小倆口果然情深，媳婦很會照顧兒子。說給朋友聽時她問：妳不會忌妒嗎？媳婦不伺候公婆？我大笑：拜託！她又不是我太太！從陌生人磨合成家人當然需要時間加上成熟的智慧，而做婆婆的更要加倍。能分居則減少磨擦；母女之間的磨擦可以水過無痕，婆媳之間的就像用橡皮擦過，難免痕跡不消。現在我和媳婦在全家的賴群組上經常相談甚歡，她烘焙的美點，孫兒女的動態，她要送我的禮物等等都圖文並茂的傳給我，我們真的是一家人了。而且她比兒子更細心，更會噓寒問暖，當初我的緊張和迷惘早就煙消了。

幾天前一個孫輩打電話給我：「姨婆，妳能不能勸勸我媽，現在什麼年代了，她還不准我和現在的男友交往。」

真的，什麼年代了父母還能管子女的戀愛？這孩子也夠乖的，大部分早就自主了。我打電話去探聽，回答的也很有道理：

「那男孩我們看了很久了，人品就是不行。我們還不是為她好嘛，將來結了婚，受罪的還不是她自己。」

我不能勸、也不必勸，一句為孩子好就是天大的理由。而且我能預測啊，倔強的孩子離家出走，柔弱的在家賭氣，但可能都不會

母女之間的磨擦可以水過無痕，
婆媳之間的就像用橡皮擦過，難免痕跡不消。

和男友分手。如果有一天分手也不是聽了父母的話，他們自會有分手的理由。

有趣的是人做了父母以後，價值觀也翻轉了。當年自己鬧家庭革命爭取到了婚姻，現在卻不允許子女革命。當年自己欣賞有內涵的窮小子，現在卻擔心子女「受罪」，希望和有經濟基礎的對象聯姻。是生活體驗改變的嗎？有次我們幾個奶奶婆婆們閒聊，都慶幸自己不再當媽媽了。激烈的競爭、多元化的價值觀、資訊快速的發展，教養孩子真不簡單。父母如果沒有獨立思考能力，在洪流中不知翻滾成什麼樣子了。

一位媽媽因為家附近有所私立小學，就送孩子去讀。幾星期後孩子不願上學，左問右問為什麼，孩子緊閉的嘴忽然張開問：「媽媽，我們家是不是很窮？」

她立刻把孩子轉到公立小學，毫不猶豫，儘管當初還是託了點關係才進去的。

另一對父母在孩子高中畢業後送去美國讀書，這男孩是家中獨子，正牌的「媽寶」。孩子寄養家庭是個勤勞的傳統美國家庭，大家都要做點家事。不到一個月媽寶鬧著要回家，因為「居然要他用吸塵器吸地」。後來母親千方百計一個人去美國照顧孩子，歲月不管人間事，只向前奔。孩子讀到大學時，父母也離異了。

除了極少數性格扭曲的人以外，哪有不疼愛子女的父母呢？但把孩子愛成媽寶絕不是愛，是讓他們變成討人厭的人。

曾讀到一篇有趣的《聯合報》香港特派員李春的報導：香港年輕人在網上討論「媽寶」現象。說是丈夫已近三十歲，吃雞還要媽媽一一剝皮，吃蝦要剝殼，網上一轟而起發言，有的說要先替男友去魚骨，有的要剝水果皮、有的要父母盛飯添飯……被形容是吃「殘廢餐」。哈哈！奇怪的是「媽寶」都形容男人，而媽媽是製作人。重男輕女的意識千年不變啊。不知那些女朋友是否只是容忍？那就別抱怨囉！

把兒子製造成媽寶，受氣的是他未來的配偶或同居人，我們幾個老朋友當年就勉勵自己：「不是教養兒子，是替別的女人教養丈夫。」這準則應該不會落伍。

9 — 做兒女的知心朋友

「我生了孩子才覺得自己完整了。」多年前阿芳在第一個孩子出生後，喜悅地告訴去探望她的朋友。

女兒結婚時她說：「我現在放下擔子了」。

這是媽媽們共同的感受吧，我曾想發起「慶祝母難日運動」——人人慶祝自己的生日，沒人在這天同時感謝母親。分娩時承受痛中之痛，然後是漫長的養育過程，母親最該在這天接受感謝。

現在講孝道好像落伍了，什麼「烏鴉反哺」、「羔羊跪乳」都是童話故事了。不過孩子只要對父母、尤其是對母親表達一點點愛意，媽媽就會當寶貝。我現在還保存幾十年前孩子們畫的好幾張母親節賀卡，泛黃的紙張經過歲月撫摸，更能溫暖我的心。

年輕的好友小君有天在聚會時，我問她兒子大四了，女兒高二了，妳該不會還要忙他們吧？她甜甜地笑了，有點害羞又興奮地說：「我現在在學大提琴。」

「哇！太棒了，妳怎麼會想到去學這樂器，以前學過嗎？」我好奇地問。

「是我兒子替我找到一家音樂班，他自己先去上了一堂課，然後替我報名陪著我去的。」

「為什麼是大提琴呢？」

「因為我曾經告訴孩子們，很小的時候學過一年大提琴，沒想到兒子放在心上了。他是很細心體貼的孩子，看我現在比較空閒，就替我去找音樂班報名了。上星期班上小型音樂會，我拉琴，兒子伴奏。」她笑得更甜了。

認識她很久了，想到她當年帶著兩個孩子，除了生活照顧，還陪送他們去學音樂，那也是辛苦的，要接送、等待，有時候小傢伙還鬧點脾氣，幾乎都是媽媽的工作。以前大手牽小手，現在小手長大了可以牽媽媽的大手。不說是孝順，而是像知心的朋友了解媽媽，陪伴同行，多麼美好的親情！

「我女兒也很貼心啊，她做了一本書給我，有圖有文表達她多愛我，看得我都哭了。」

講了半天兒子，她好像冷落了女兒似的，趕快接著說。我笑著摟住她說：「真替妳高興，哪天聽妳演奏啊。」

有天上午手機鈴響，「阿姨，我好緊張啊，我要做婆婆了！」

阿姍的女兒小欣在電話裡興奮地說。「我太開心啦，我要做太婆了！」阿姍搶過電話爽聲大喊。

結婚生子早一點的朋友竟然要成「曾」字輩的人啦！想二十多年前自己做外婆時，緊張、喜悅、興奮，一點也不輸第一次做母親。這算是生命給的賞賜，也是有健康才能享受的快樂。

淡水據說是北部最夯的景點，交通方便，有海景，現在又有了輕軌，但淡水人最怕假日。朋友來如果是假日，我總是在小屋裡做幾樣菜，有時也小酌兩杯，天南地北海聊。儘管都是婆婆奶奶的人了，有時還是關心子女，特別是嫁出去的女兒。有天幾位朋友來，談著談著，阿莉忽然嘆口氣說：「我真替女兒擔心，這孩子太溫順了，小時候從來不讓我煩心。現在她自己有孩子了，一天到晚和丈夫為兒子吵架，但最後都是照丈夫的意思，自己只能生悶氣。我管不到也不能管，只有在她來訴苦時安慰她，鼓勵她對的事就要堅持，可是她就沒辦法，性格太弱了。」

「能不能講個例子我們聽聽看？」我和兩個朋友幾乎異口同聲地問。

「我也知道我那外孫非常聰明，就是坐不住，讀書成績不好，老師說是過動兒，要父母找專家協助。女兒同意，女婿堅決反對，認為自己的兒子不可能有問題，就是不用功，要狠打！而且覺得孩子有問題父親丟臉。女兒心疼卻爭不過丈夫，只能抱著兒子哭。」

「太不講理了！當然應該找專家！」

「你女兒應該強勢點！為了孩子要堅持！大不了離婚嘛！」

「丈夫不同意自己帶孩子去找專家呀，孩子又不是丈夫一個人的！」

大家七嘴八舌出主意，但我們知道，除非孩子的媽媽自己堅強起來，誰也不能做什麼。母親太過軟弱孩子就失去保護，過動兒可以找專家糾正，打絕對不是辦法。就像家暴，有時孩子同樣被打，母親自己不堅強解決，孩子一定跟著受苦。甚至現在還有些重男輕女的長輩，對「多生」的女孩百般輕視，唯有母親強力保護，孩子的心靈才不會受傷。

「妳也別太操心啦，還是多給女兒打氣，要她自己強起來。」我們也只能這樣安慰阿莉了。

「現在的孩子真莫名其妙，昨天我去朋友家，她的兒子坐在沙發上看手機，頭都不抬，根本不理人。我那朋友也莫名其妙，都不會要孩子叫人。很久沒去她家，以後也不去了。」阿珊氣呼呼地抱怨。

「妳第一次碰到這種事嗎？真孤陋啊，妳不知道現在孩子不理人是常態。早就不像以前父母會要孩子叫叔叔、叫伯伯、叫X媽媽、叫阿姨哪。接受吧，這就是新時代。」阿英笑著說。

對，我們都從舊時代活到了新時代，父母教養孩子不但受社會變遷影響，也受孩子生得少有影響吧。還有一般家庭經濟水準都比過去時代要高，叫窮的是年輕人，雖然他們花起錢來比父母都大方。據說是因為「既然買不起房、買不起車乾脆花掉」，「啃老族」於焉生成。孩子少，經濟好，寵孩子成了必然吧。

奇怪的是無論時代如何變遷、價值觀如何改變，總有人「以不變應萬變」。現在很多年輕人不婚了，但父母卻仍在催婚，都是擔心子女不婚會孤單無人照顧，甚至以後會孤獨死。二〇一八年三月九日的CNN電視報導，現在已是全球獨居化了，以前認為結婚的人比較長壽的觀念要打破了。最新的研究是單身者比較關心自己，注重健康，所以比較長壽。

當然很多父母不是為了能不能長壽而催婚，「什麼時候讓我們抱孫子」，「什麼時候帶男（女）朋友回來看看」是這些父母迫切的期待。為了滿足父母的願望，大陸子女年假回家，如果沒有男女朋友就租一個。這「手法」也傳到台灣了，去年底新聞報導，有女子徵假男友，每天一萬元，租三天，還有些條件等等……真是「兵來將擋，水來土掩」，要應付父母，年輕人辦法多的是。

對成年子女還是讓他們自己選擇吧，
人生是他們自己的。

10 — 愛他們就祝福他們

我知道現在未婚同居的年輕人多的是，住家附近有所大學，有些學生在外租屋同居，家長知道了也不會大驚小怪。從實際情況來看，同居等於試婚。兩人就過著婚姻生活，所有談戀愛時的「裝潢」都不必要了。男孩可以當著女孩面摳腳丫，女孩早上起來不必先化妝。一位常跟我聊天的女孩有次告訴我：「阿姨，妳知道我為什麼決定跟他結婚嗎？因為我可以在他面前上廁所。」

「這有什麼奇怪，你們不是已經同床共枕了嗎？」我瞪著她問。

「那不一樣，大小便是絕對私密的事，尤其是大便。他能接受我能不顧忌，這證明我們之間一切都無遮掩。」

哇塞！時代真不一樣了，記得以前有位比我年長的女士曾說，她每天一定比丈夫早起，把自己收拾得整齊美觀，所以他們的婚姻能維持幾十年。這說法似乎吻合漢武帝的李夫人「色衰則愛弛」的道理，不知外遇是否也有這理由。能在丈夫或男友面前不收拾打扮，的確是男女平權的一部分吧！

但同居再決定結不結婚，是不是最好的選擇？合適了再結，婚姻是不是真的比較穩固？還沒有什麼統計分析。可是同居真的是現代潮流，是不是幸福，要等這一代人以後婚姻生活如何，才能看出後果吧。潮流是無法阻擋的。有趣的是，選擇越多，煩惱也越多，也是考驗人的智慧吧。

在網路上看到一段有趣的文章。日本有位三十歲單身女士，在網上曬自己的房間。好幾個書架上裝滿書和最新的遊戲，宣稱有這樣的房間就不需要男朋友了。結果很多男網友要求做朋友、愛人，甚至入贅也行。我不懂他們是愛那位女士呢還是房間？還是認為有這樣豐富內容的房間應該經濟能力不錯？不過這位女士選擇要房間不要男友倒是挺特立獨行的，精神生活滿足也可以活下去。

而不結婚不同居的人也出現了，他們自由自在，都市生活方便，有虛擬的或代用的性對象。還有找幾個興趣相投的朋友同居，也過著洗衣、煮飯、打掃的家庭生活。

春節前幾天收到一封從美國寄來的信，現在已經絕少有人郵寄信件了，所以我立刻知道是誰。打開來有張照片，五十多歲的她依然俐落短髮，她的她比較年輕長髮拂肩，中間一個五，六歲的小女孩，大眼小嘴肥肥的小臉可愛極了；這孩子我從她嬰兒照片看到長大，每年我都會收到一封信，在台灣時她是常和我通電話的小朋友。因為我從不批評她的性向，我們可以聊天。她依親去了美國以後，和一位她組成一個家，人工受孕生了一個女孩。幸運的是她們住的地方最近通過同性可以結婚，所以她們準備再生一個孩子。

但性向是天生的，不是自己選擇的。有一位同志的媽媽說：「我贊成他是同志，如果他不是就絕不可能變是。我反對他、如果他是也絕不會變不是，愛他就只有祝福他。」

我想同樣的道理用在對子女交友或婚姻的態度上，也是成熟的處理方法吧。那是他們自己的選擇，愛他們就祝福他們，到了談戀愛和婚姻的時候，他們都是成年人了。

同性同居在今天台灣的社會已是公開的事，甚至已能合法結婚。我想除了法以外，家人和親戚的壓力更大吧？看過一部俄國電影《誰來為我摘月亮》，用喜劇風格描述女主角未婚懷孕的壓力。全片是胎兒旁白，最後女主角逃到屋頂上，她智障的弟弟在房屋牆上按了一個開關，屋頂就變成一個飛毯冉冉升起。飛越遼闊大海，穿過雲層，向炫亮的遠處飛去，遠離那些指手畫腳、口沫橫飛、自以為是正義的村民。

都市人不像過去封閉的小鄉村，一家的事就是全村人的事，都市人有家人和親戚這種關係，當然大部分是個人的助力，但卻常常是壓力。我覺得家人是因為愛，親戚是為了什麼呢？誰嫁了誰、誰娶了誰、誰的女兒那麼老還不結婚，誰家父母住進養老院、……關親戚什麼事呢？每個成年人都有選擇自己喜歡的生活的權利，父母對子女的愛也不應該是要換取自己的盼望吧？

既然是自己的選擇，享受甜蜜的收穫，一旦碰到痛苦或失敗，就得靠自己來解決了。

今天的婚姻已不是圍城，城門大開，進出方便，全看個人的選擇了。過好自己選擇的生活，就是幸福。

11 — 婆婆不是媽媽

六十歲左右的現代人，無論外觀和內在，都很年輕，和傳統上婆婆的印象真的很難吻合。有人在心理上抗拒是正常的吧？不知是不是自覺還年輕，所以這些婆婆比較不像傳統那樣認為自己是長輩，媳婦必須要有晚輩的樣子。

我剛寫專欄那時，婆媳問題僅次於外遇問題，好像婆媳是天生的仇人。那可憐的男人是兩女鬥爭的導火線，有人說是兩女搶一個情人。這現象似乎也不奇怪，十九世紀英國作家D．H勞倫斯當年被禁的小說《兒子與情人》，就有母親和兒子女友明爭暗鬥的情節。

再加上心理學家佛洛伊德說「女兒戀父、兒子戀母」，婆媳好像天生就是情敵。

記得阿珊兒子交女友時，我們一起去看表演。那女孩坐在我們前排斜方，還沒開演時阿珊在我耳邊說：「妳看妳看她有什麼好，眼睛比我還小！」我差點噴笑！天哪，好像所有的女孩都配不上自己的兒子（所有的男孩都配不上自己的女兒）。一年多後那女孩用事實證明自己是好媳婦，偶爾和阿珊談起，她都會瞪我一眼。

現在很多婆媳都可能各有職業，有自己的生活圈子，關在一個屋子裡互相摩擦的情況不多了。南宋詩人陸游的媽媽不喜歡媳婦，硬逼兒子離婚，做兒子也只能寫〈釵頭鳳〉訴說悲傷的情懷。津島佑子的《太過野蠻的》書中，婆婆把媳婦逼成病，這些婆婆大都已成過去了吧？或只有個案。

曾有一位做婆婆的讀者說：「今天的婆婆哪敢欺負媳婦！不被

媳婦欺就不錯了，她們有收入呀！」

婆婆和媳婦和諧相處的情形還是有，還有成為事業夥伴，成為聊天朋友，成為家庭助手……婆媳不是天生情敵。

不過有些婆婆還是認為自己經驗豐富，「妳丈夫就是我帶大的！」常常下指導棋，「孩子怎麼這麼瘦？要想辦法讓他多吃點」、「衣服穿得太少了，感冒了還得了，現在正有流感！」拜託！別把歡聚弄得大家一肚子氣。

婆婆不是媽媽，他們的孩子不是妳的孩子，請卸下自己的責任和擔子吧。

不過如果家中公婆不幸病倒或失智，照顧的重擔很多還是落在媳婦或女兒的肩上。真實的例子舉不勝舉，因為男性工作薪資比較高，因為女性比較會照顧人，所以她們理應承擔這責任。

有位女士在婆婆失智後，幾乎是被家人一致同意她要去照顧。

由於她的子女都長大，而丈夫還沒退休，其他手足都有充分理由無法分身。但她經過思考，勇敢地拒絕了，寧願努力多兼差增加收入，請看護照顧，也儘量抽時間幫助看護。一開始家人和丈夫都不諒解，但幾年過去，婆婆從失智到臥床，情況越來越嚴重，照顧的工作越來越艱辛，照顧者自己也更需要身體健康，體力夠強才行。大家才了解這是條漫長的路，必須有外力幫助。

讀日本女作家垣谷美雨寫的《七十歲死亡法案，通過》，書中的媳婦照顧臥床婆婆，還有個宅在家連飯都要媽媽送上二樓的兒子，和一個只會上班在家絕對只動口不動手的丈夫，兩個嫁出去認為照顧媽媽當然是媳婦責任的小姑。看上去不孤單卻是孤立無援，背負重擔，要為家人做飯做家事，要應答日夜召喚的婆婆……好不容易丈夫退休，她想有人可以分擔了。但丈夫收回存摺和圖章說以後妳不必辛苦管帳了，留下三個月的家用錢和朋友去旅行環遊世界。這最後一根稻草壓下來，她離家出走了。

雖是小說，那些照顧者的辛勞、無助卻是真實的。我們周圍就有很多真人真事，有女兒、更多的是媳婦。

有一個報導統計「失智者」五十歲發病可再活三十三年、六十歲二十五年、七十歲十七年、八十歲十一年、九十歲五年……看了都心驚膽顫！而且據說越照顧得好越活越得久，真讓人無語問蒼天！而照顧長輩大都發生在人們生命的中年。長照不是媳婦一人的責任，也不是家中任何一個人的責任，是全家人的！

住在郊區，老後總是依老賣老，告訴年輕的朋友「要看我就來我這裡」，是朋友都不拒絕。

這天阿文和阿珊帶著水果來。淡水天氣極好，不知是不是靠海的緣故，風多夏天比台北市涼爽些。阿文羨慕地說：「真好！院子裡有樹！」都市來的人都這麼讚嘆。

「我現在很煩耶！媳婦滿月後要回去上班，希望我替她照顧孩子。我剛退休正想過自己的生活，但是也因為退休了沒事，好像應該幫忙。」茶過三巡後，阿珊皺眉嘆說。

「不帶！把兒女帶大了，責任就了啦。妳不是要跟我一起去社區大學上課嗎？」阿文爽聲反對。

又是選擇題，人生除了不能選擇父母，成長後都是選擇。

就像要不要幫子女帶孩子吧，有人心甘情願樂在其中，有人勉強接受滿腹委屈，有人採半工制，有人是救急原則，有人卻很慘地帶到變成仇人。

我當年硬起心腸，早早告訴子女不幫他們帶孩子。因為父母養育子女是自己的責任，而且父母不應該錯過孩子的成長過程。隔代教養絕不是正確的方式，祖父母大都對孫輩寬容、甚至縱容溺愛。我也被抱怨過，也對自己的狠心檢討過。後來兒女都成了很好的父母，和他們的子女很親愛，感情濃醇，沒錯過孩子成長期的快樂，我一直認為自己的決定是對的。

「有個朋友的女兒才爽呢，也做婆婆了，前兩天和另外兩個社區大學的同學一起去歐洲旅行。她對兒子媳婦說自己的責任已了，現在要過自己的生活。」阿文說。

「我也知道，但總是覺得自己身體還好，又有空閒，不幫忙帶說不過去。」阿珊皺眉輕輕嘆口氣。

「那也可以幫一部分忙，分擔但不是全部時間。阿幸就是這樣，只帶上午，下午送托兒所。因為媳婦覺得孩子整天在托兒所不好，所以問題是可以商量解決的。」我提議。

「孫兒孫女都是抱來玩玩的，他們實在太可愛了，我們有資格享受這樂趣。」阿文笑嘻嘻的掏出手機，亮出孫女的照片給我們看。

送走兩位小朋友以後，我在院子裡拔野草，想著她們的討論。

以兩人的性格來預測，阿珊可能接受帶孫子，因為她不會拒絕。但她也可能會因為不能去社區大學上課而遺憾，希望她能和兒媳商量解決問題。

12 就算是閨蜜也不能太甜蜜

近年來女性好朋友叫「閨蜜」，古人叫「手帕之交」，人類朋友關係已經很悠久了。「閨蜜」顛覆了莊子「君子之交淡若水，小人之交甘如醴」的名言。說蜜是不錯，友情的甜蜜是人生的甘露。但君子之交也不能不用在朋友之間，再好的朋友可以互相欣賞，可以互相鼓勵、相助，但不能為害怕失去朋友而盲目附和，也不能有金錢的糾纏，這時候要淡一點。曾聽說有閨蜜搶了朋友的丈夫，真讓人無言。

忘了在哪裡看過這幾句話：大觀園裡那麼多美女情同姊妹，為一個賈寶玉各懷鬼胎。真實的情況也確實如此，姊妹兄弟都可能為情翻臉，閨蜜的友情更不足道了。不過我覺得閨蜜變成小三不是一方面造成的，這事不能抹殺所有朋友的友情。

閨蜜之間真正能合作共事不容易，有人說男性朋友可以合組公司，閨蜜很難。我認為也是看各人的性格吧，有某些性格的人，無論男女都很難共事。不過大部分女性心思比較細膩、想得也多，會從朋友共事成仇人的機率相對就比較高一些。

前些時有位朋友氣呼呼地告訴我：「妳想得到嗎？××居然冒用我的名字，刻了我的圖章，蓋了一份契約，說是我和她共同買的。契約有問題，法院傳訊我才知道，我現在找律師告她。我以前就不該常借錢給她！」

天哪！這××是她多年的朋友，後來旅居國外，經常回來。幾次向她借錢，我曾提醒她，雖然朋友有通財之義，但此人常借而不還，要當心點，果然出了問題。

「這次一定要弄清楚，就算是多年老友也不能糊裡糊塗算了。諸葛亮都狠心把愛將馬謖斬了，人在必要時得有不得已的狠心。」我一本正經地說。

「妳就會胡扯，我已經下決心請律師了。」她倒笑了起來。

一年多以後事情才解決，從此不見那位朋友。

朋友之間最忌有情和錢的糾纏，有時多年老友都會變仇人。朋友之間更不能太過分替別人拿主意，再親密也不是你自己。

阿玲是個熱心照顧人的年輕朋友，有時無微不至。但有次她很無辜地說：「不知為什麼××也不理我了，我做錯什麼啦？我還是像以前一樣關心她呀。」

「妳是不是又要替她介紹男朋友了？」我問。

「有什麼不對嗎？我看她一個人很寂寞，我認識一個很不錯的

朋友之間不能太過分替別人拿主意，
再親密也不是你自己。

男人，跟她很配喲。」她熱忱地說。

「妳忘了前些時也是要給一個朋友介紹男友，結果人家後來也疏遠了妳。除非有人拜託妳，千萬不要這麼熱心。朋友之間還是不能過分關心別人的私事，她跟妳說過很寂寞嗎？想找男朋友嗎？」因為她年輕我就依老賣老。

「可是有時候我也沒替人介紹男朋友，不知為什麼她們也疏遠我了？」她滿臉天真不解地問。

「那妳就自問有沒有對她做錯什麼？如果沒有就別放在心上，做朋友本來就是你情我願不能勉強。」像她這麼天真的人在現代不多了，而她的心常常受傷害。

朋友之間本來也是不能過分侵入別人的私生活，如果朋友對你傾訴，只要誠心聆聽。做一個「會聆聽」的朋友比給她亂出主意好，常常很多事對朋友吐出來就沒事了。

有次幾個小朋友圍坐聊天，我在一旁聽年輕人的話題很有趣。其中一個說：「最討厭××了，一天到晚炫耀自己多幸福，丈夫多愛她，生日啦、結婚紀念日啦都買禮物給她，好像天下只有她一個人最幸福。」

「就是嘛，說不定她丈夫有了小三，買禮物是障眼法。」

「那妳們為什麼還做朋友呢？這麼討厭的一個人。」我問。

「看她可憐，每次都硬擠進來。」

我不禁同情那個愛炫耀的小朋友，她是多麼需要朋友啊！她以為曬自己的幸福會得到別人羨慕，會願意跟她做朋友。

曾有位小朋友對我說：「奇怪，結婚以後朋友幾乎都不來往了，大家忙著照顧家，丈夫、孩子變成生活全部。我丈夫也不喜歡我找朋友，說結了婚本來就要以家為重，我曾約了幾次朋友，她們也都忙得離不開家。」

剛結婚或剛有孩子的年輕主婦，可能真的離不開家。我聽說有些媽媽會趁接送孩子時和其他的媽媽們抽空聚會，話題一樣就結成朋友了。這些朋友有的可能孩子長大就散了，有的也可能結成長久的閨蜜。所以朋友也是流動的，人生常常要隨機應變。

有各種不同的朋友是幸福的。

13 — 從益友到臉友

一位旅居美國的朋友，終身未嫁，賣畫養自己。她曾苦幹很多年，開車載著自己的畫，到處趕市集，後來小有名氣，畫也能賣出了。有時我到洛杉磯，她就帶我去看諾頓塞門美術館、蓋蒂博物館等等大小不同的美術館。人說洛杉磯是文化沙漠，但她帶我看到藝術和文化，甚至遠到加州中部的聖西蒙（SanSimeon）參觀「赫氏古堡」。

最難忘的是有次開車到新墨西哥州陶斯（Taos），追隨畫家歐姬芙的足跡，景色頗像畫家筆下的荒涼遼闊。有一家名叫波德的小店，據說畫家經常光顧。我們買了小小的紀念品和一隻燒雞，到旅館手撕了大嚼，滋味完全超越美國所有的食物。談著歐姬芙這位特立獨行的畫家，看著她畫作的真跡，是充實而美好的旅行。

這是一位「友多聞」的益友，我們雖不常見面，但友情深在我心。

有些朋友彼此之間很像夫妻，可以同甘苦，不能共富貴。一對從小在鄉下長大的女孩，因為住兩隔壁，所以幾乎天天從白天到晚上都膩在一起。小學到中學同校不說，還一起考上外縣的同一所大學。兩人好到希望將來嫁給一對兄弟來做妯娌。

命運在這時考驗她們了。畢業後工作不久，A先結婚，嫁給一位公司職員。夫妻感情不錯，B很替她的朋友高興。不久未嫁的B去了另一個城市，兩人還是閨蜜。又不久後，B結婚了，而且竟然嫁入豪門，A也非常替她高興。婚後B邀A去家裡聚會，一下火車出站，就有輛黑色大轎車在等候。轎車旁筆挺的制服男士，若非在婚禮上見過朋友的丈夫，她不敢認那人是司機。

朋友雖然仍是熱情招待，但豪宅裡的一切處處都是障礙，來聚會的都是亮閃閃、香氣襲人的貴婦，這些把她和朋友遠遠的隔開了。兩人起先還通音訊，漸漸也斷了。幾十年的，真的甜如蜜的友情也從此灰飛煙滅，散得比一般朋友還徹底。

貴婦不是不能交朋友，如果有共同的話題，不散發銅臭味，而你在她們面前怡然自得，一無所求，就可做朋友。

有位小朋友曾愁眉苦臉地說：「我不知道怎樣交朋友，從東部來台北工作，在外租房子獨住，上班各忙各的，下班自己回家。我總覺得自己很閉塞，跟不上北部人的步調。」

要交朋友不能自卑，有能力在北部工作，就表示自己和北部人是平等的。我常奇怪，台灣從頭到尾不過四百多公里的距離，可以說是聲息相通。但，是什麼造成的印象？甚至說台北市是「天龍國」，好像其他地方都很「ㄙㄨㄥˊ」。我只能希望她觀察新環境裡的人和事，慢慢增加自信心，交朋友不能急進，老話「日久見人心」，是古人累積下來的智慧。

朋友之間是絕對平等的，自己先要開放自己，別人才會對你開放。要有自信，逐漸的就能體會北部人也是普通人吧。

朋友之間如果有階級之分就成不了朋友，我的經驗是自大的和自卑的人最後都會離朋友圈而去，臭味不相投的也一樣。

人與人之間的關係是經不起考驗的，情人、夫妻、朋友，甚至家人。能不散就是緣，珍惜這份緣，享受這份情，是人生的福分。

現在有些年輕女性很讓我佩服，她們和朋友環遊世界，到海外做志工，或打工。這種志同道合的朋友很難得，生命會因這種友誼而更豐富。

「阿姨，你們不玩臉書，其實我們在臉書上有很多朋友啊，大家分享生活裡的很多事情，不會寂寞啊！」一位晚輩說。

對了，臉書是現在人際關係最重要的工具。除了最隱私的事情，都可在臉書上放：吃飯先拍照放臉書，旅遊拍照放臉書……老人家也許真的跟不上時代了，有時還會哭笑不得。一位老友說了她的故事：「有天家人一起去旅行，到一家有名的餐館吃飯。菜上齊後大女兒說我們拍張照吧。我趕緊整理衣服，攏好頭髮準備拍照。結果小女兒拿出手機左一張右一張焦點都對著菜，嘴裡說放在臉書上讓他們看看菜多棒。」

「妳有沒有發脾氣？」我們笑問她。

「這時候最好裝做沒事，發脾氣就太笨了。」

這就是成熟的智慧。

臉書對現代人來說，也許的確是可以交換生活上的樂趣或見聞，但我懷疑你真能和「臉友」們講真正的內心話嗎？你在挫折或悲傷時，「臉友」能摟摟你、安慰你嗎？

話說回來，我倒覺得書（非臉書）能算是特別的好友，因為它可以告訴你很多人生的故事、世界的風采，推理小說更能磨快腦筋。更好的是即使足不出戶，一伸手便來，而且價格絕對比化妝品、名牌包便宜，也不會絕交，你只要有需要，它就馬上到。

活在當下的那些趣味

1 — 有朋歡聚，不亦悅乎

「天公生日」這天，氣象極好。晴朗溫柔，春風微涼，年輕人已然換上薄衫，有年紀的人保護自己，也很自愛的避免連累別人，大都衣衫較重，或用絲巾、披肩擋住春寒。

過斑馬線時，年輕人大都低頭滑手機，有些面帶微笑；初老或中老的，則多抬頭向前而過；老老的有人拄杖，有人拄傘，有人躬腰，速度雖慢，有時竟越超過那低頭滑手機的年輕人。

就在這美好的一天，「人到哪裡書就到哪裡」的靜惠作東，邀約了幾位老友餐聚。巧的是被邀的都住郊區，至少我有一種「趕集」

的快樂。來的是黃春明伉儷、董陽孜、向陽和方梓小夫妻。靜惠推我坐上位，我就知道自己是老大（當然是年齡上的）。大家坐定端詳朋友們，都有別來無恙的喜悅。

春明在太太替他褪下外套後，笑瞇瞇地說：「昨天我僵屍倒，昏迷了幾分鐘。」

大家驚詫地看著他：「僵屍倒?!」

「就是直挺挺往後倒，後腦著地，幸好太太發現。所以有點年紀以後，坐著起來，或轉身都要用分解動作，一、二……」

黃大師最能把幾乎算是不幸的事說（寫）成幽默劇，像《蘋果的滋味》。他剛做完化療，頂著新生的頭髮，紅潤的臉上漾著笑容，邊說邊示範分解動作。大家才把心放下。想想看——直挺挺地倒下去哇！

還沒百分百復原的陽孜說起她的「驚悚」大病：「病危通知書

都發了兩次，最後打了三十幾種藥，我也不知怎麼好的。」董大師說起那驚心動魄的重病，竟像她的草書那樣行雲流水，雲淡風輕。

都是對生命看得通透的豁達。

最年輕的方梓，光潤潔淨的小臉讓整桌沾了青春。她的《采采卷耳》，把野菜寫得「有血有肉」，好看！滿頭華髮的向陽，竟有童稚的笑顏，畢竟是年輕。朗誦詩抑揚頓挫加有情，好聽！

「我最近在學韓文。」永遠有學習熱忱的靜惠說。一句話引起大家的話頭，從韓文到韓劇，向陽說韓文裡有漢字，陽孜和春明說日文有更多漢字，甚至東南北亞的文字都有漢字的影子。從漢字很自然的就說到書法，董大師忍不住沉痛地說：「現在學生都不寫字了，書法都絕跡了。」

大家都忍不住發言：「可是日本常常有書法競賽！」

「就算是藝術，也不該荒棄。」

「練書法對學生手腦絕對有益。」

「那是我們的文化。」

「我一定要盡全力爭取從政府到民間，重視書法。」陽孜用有點沙啞的嗓音說，熱忱和認真讓她的兩頰微紅。

為什麼不寫字了呢？當然是電腦的威力幾乎無人能擋。

「我現在也用 iPad 寫稿了。」我脫口而出。

陽孜深深地看著我說：「還是要用筆寫，用筆用紙寫。」

我有點心虛地回答：「打草稿，抄資料還是用紙筆寫的。」同時暗下決心要把我以前練書法的紙、筆、硯、墨、帖找出來。是的，不能荒廢了書法。

春明的腦子裡永遠是「繁花似錦」、「浪濤洶湧」，他兩眼閃光對陽孜說：「用一張又長又大的紙，長到可以甩到天花板，用一枝筆、就一枝筆，你邊寫邊舞……」

陽孜也雙眼發亮地回說：「我可以，我可以。」被他們赤子般的熱情觸動了。歲月會催人老，但性格的特質不會老。

「有次我去遊楊貴妃的華清池，那裡是真美。我就對當地的負責人說，你們可以在這裡辨東方式的選美呀，為什麼一定要學西方人，搭個台子在人工布置的環境選美！」春明對一面倒的西化像我們這些「有年紀」的朋友一樣，有話要說。文化侵略太讓人驚心了。

「今天是天公生日，春明也是今天呢。」在旁一直細心照顧的黃太太笑著說。

「啊呀！有福、有福！」大家敬茶歡呼。

「我看有福的是有個好太太吧！」黃太太深情地看著春明。

「對！對！當然對！」眾人同意。

「我也希望有位好太太呢。」我說。大家哄笑，但我記得這是齊邦媛教授的雋語，深得我心。

靈慧的靜惠在我們笑談中，已悄悄吩咐臨時加一道豬腳麵線。一個大海盆中，潔白的麵線上，鋪陳著醬色油亮的豬腳，溫暖誘人。

「豬腳麵線好，我們不吃蛋糕。」春明和我異口同聲說。

「對！豬腳麵線好！」沒人反對。

熱情、創造、學習、理想、使命感，在我的老朋友身上，一點都沒隨歲月消失。

有朋相聚，不亦悅乎。

2 — 交會

暮春，難得幾日晴和。朋友們蠢蠢欲動，因為今年冷得太久，窩得快發霉了。選定大家都沒去過的地方——清泉溫泉，位在新竹縣五峰鄉桃山村上坪溪。雖然因張學良先生禁居而聞名，但網上寫的「三毛故居」更吸引我們，誰都沒聽過三毛曾住過那裡。

非假日，一路清靜悠閒。三人說說笑笑，對周遭景物建築有褒有貶，結論是「出來走走還是愉快的」。從台北去，路程也要兩個多小時，但不難走，順利抵達清泉。

張先生禁居地維護得很整潔，顯然是當地觀光的重點。卻不見有「三毛故居」的指標，抬頭見溪流對岸有較大的飯店，我們決定先去午餐。過橋到飯店附近就處處看見「三毛故居」的路牌，飯店的門上、牆上都有，這就是溪這邊的觀光重點了。

飯店的菜單上居然印有「三毛故居」的介紹，原來三毛曾為丁松清神父翻譯《清泉故事》而在此地租屋住了三年。有朋友就說：「不能叫故居，應該叫客居。」不管是什麼居，三毛就是能做出這種讓我們既羨慕又佩服的事情來。

飯後循路標走，卻越來越不像路，到了一幢紅磚屋後才發現走的是近路不是正門，而且不巧那天木柵門有鐵鍊鎖住不得進入。一棵大樹下放了一幀三毛的大照片，坐在窗口對外凝望，圖片說明三毛常常坐在這樹下沉思。我跟著她的眼睛望過去，樹叢中隱約可見溪水。小屋和大樹都在略高的山坡上，不大受底下行人或車聲干擾。

站在木柵門外向裡張望，先是一片屋棚罩著一塊類似陽台的平地，幾張桌椅可以舒適的喝茶遠眺。小屋是紅磚的民宅，奇怪的是完全不像附近民宅的形式，獨立一幢，三毛當年倒也真有慧眼。據說三毛命名小屋為「夢屋」。

愛做夢的三毛在這小屋內、大樹下編織了不少風靡粉絲的故事吧。小屋的圍牆上，有些關於三毛生平的介紹圖文，網上說屋內陳列的是三毛的著作等，我們只能站在屋外想像了。

徘徊半晌，大家還是要離開，我回首望向大樹下三毛的照片，忽然覺得像把一位朋友留在這樹下。是的，我和三毛曾有過一次交會，有過一次讓我流淚的交談。

有三十多年了吧，三毛曾和我通過一兩封信。忽然某一日下午，她說要來找我。那時我住山上，她長髮飄飄地出現在台階上，進門給我兩樣禮物，一是西班牙風格的小陶花瓶，一是可以繫在樹上的繩床。（真是聰慧的人，我家門外果然有兩棵樹可掛繩床。）

沒有初識的客套，我們在陽台上像多年老友一樣聊開了。她實在很健談，語言的魅力不下於她的文筆。當她訴說為病所苦的種種情節，加上潤溼的會說話的雙眼有時凝望著我，有時遙望遠方，我已然在一旁禁不住流下了眼淚。人的緣分很奇怪，那一次見面之後，我們沒有再見面，只在媒體報導中得知她的情況。

最震撼的當然是她最後的消息，對於只有一面之緣的這位慧黠的朋友，我的心情在哀傷中更有懷念。

繩床和小陶瓶依然在，無生命的事物常常比生命更長久。我體會到無常，心情更加淡定。

在三毛曾住過的小屋前，彷彿跟她又一次交會。歸來總想到她在樹下對窗外凝望的照片，有點不捨她固著在那裡承受風吹雨打日照，和暗夜山野無邊的靜寂。

3 一種消失了的樂趣

聚會時，朋友們擺了各種組合拍照，常常人人都會拿出手機，會後互傳照片，重溫一次聚會時的歡樂。這在手機拍照還沒出現前，是很難辦到的。現在不但聚會，手機拍照幾乎是無所不能，舉凡旅遊、美食、演唱會、展覽、資料、偷窺、車禍、捉外遇……手機都能捕捉到。而且照片不必累積在相冊裡，怕遺失還可存在雲端。

手機拍人物還可以修容，拍出來粉嫩嬌細。現在又可加鏡頭，變換遠近。自拍神器不求人，會玩的人能玩到神乎其技，不會玩的人也不怕會拍出失敗的照片。人人一機在手，隨時可拍。

相冊幾乎已絕跡了，若干年後更將成為骨董。不過家有老人的總有幾本相冊，珍藏著過去的「歷史人物」和未老時的自己。而偶然翻閱的是自己，不是家裡的年輕人。

某天清理書架，在七、八本相冊中夾著一個裝顯相紙的盒子。打開一看裡面裝著尺寸大小不同的黑白照片，塵封的記憶忽然跳了出來。這些是我的暗房成績。是的，我曾經玩過暗房。

對相機雖已不陌生，但大都是隨便拍拍，只懂最基本的技術，所以常常成功的少失敗的多。大約三十多年前，已頗有成就的攝影家王信是好友。被她的作品吸引，要求跟她學攝影，王信一本正經地說，要學就要認真。「當然，上課時妳就是老師嘛！」開班時有六七個學生自備相機，我狠心請老師陪著去買了一台徠卡。老師從相機講起，以後光圈，快門、速度……等等全都得認真聽講。每週要交作業，老師在課堂上指出優缺點。有時帶我們「出外景」，同樣的景物，老師的總更勝出，無論是光線、景深、焦距，學生們都自覺差一截。這更增加了學習的意願，和有進步時的快樂。

王信的暗房技術已達到藝術的境界，她說暗房比攝影更有意思，學攝影不學暗房不算完整。於是我把樓上走廊的盡頭隔出一間小小的暗房，在老師的指導下購全了暗房的設備。從沖底片到放大顯影，一步步學，一次次操作。豈止是有意思，簡直是迷人。連失敗都是迷人的，因為失敗的作品吸引我推敲原因，最後總能享受成功的喜悅。尤其是顯影，在一台放大機下，我是一個魔術師，可以在底片上任選一個部位，要放多大，要深要淺，全部或局部都操之在我。影像在顯像紙上從無到一點點、一點點顯現，光的時間操縱影像的深淺，差零點零幾秒呈現的就不一樣。同一張顯像紙上，可以有不同的深淺。我沉迷在這可以掌握卻又不能掌握、變化無窮的

「遊戲」中。小小的暗房，關上門後四周的聲光全都隔絕。我獨自享受這份快樂，小室似乎變得既廣又深，任我遨遊。

有時半夜醒來披衣鑽進暗房，玩到清晨還精神抖擻。如有得意作品，更是整天心神歡愉，讓我真正體會到什麼叫沉迷。那小室承載了我精神和心靈的滿足，暗房是攝影的再創作。吳爾芙說「女人要有自己的房間」，這房間要能生產「精神糧食」才算是豐足。雖然我的暗房成績普普，但創作的快樂是不必計較成績的。可是……好像沒多久，科技產品的改變驚人的快速，從只有通話功能的手機進化到可以拍照，不過短短幾年吧，智慧手機又快馬加鞭，掃盪了80％、90％的傳統相機。漸漸地，膠卷失蹤了，然後暗房的設備不見了。但在「尾聲」中還有專業攝影家沒完全放棄，我的暗房設備送給一位年輕的朋友，暗房則變成儲藏室。

失落的不僅僅是一種樂趣，也是那獨自一人在黑暗的斗室，一點小紅燈下，心靈和手眼合作有點魔幻的感受。那是和在明亮的室內讀書寫作完全不同的，我今生絕無可能再享受那種比較深沉的樂趣了！雖然在畫室繪畫也有心靈手腦並用的愉悅，但和黝黑的暗房氣氛不一樣，也無法取代。

幸好，只要跟上時代，消失了一種樂趣，就有另一種樂趣取代。我現用手機拍照也有樂趣，偶爾也有得意作品。只是我常常想念我的暗房啊！

想起來了，我還玩過木刻，不是複雜華麗的版畫，是抗戰時很流行的、簡單樸素的木刻。一塊木頭，幾把刻刀，就可以玩得忘神。木刻和繪畫的樂趣不同，刀在木頭上遊走，要拿捏輕重，木和刀有一種深入的、溫柔的、堅定的契合。用油墨滾筒而出來，是風格不一樣的畫。

後來不玩了，木板成了架上的畫作。向陽來我斗室看了直說：

「你還會木刻呀！」我很得意啊。

4 大怪獸來了

山居幾十年，那時從工作地點回到家，路程約莫三、四十分鐘。一路上車少交通順暢，美景更是不斷，田禾、綠樹，接著是流動的河水、蒼翠的山巒。過小橋轉進山路，就「山陰道上，目不暇接」了。

小橋頭邊有一家古老的豆腐店，開車經過時，豆香會鑽進車窗。我常自帶容器，裝一盒鮮嫩的豆腐，或顫動著的白玉豆花，晚餐桌上就多了一道美味。

轉著山路轉到家時，仍未全落的夕陽和將升的夜幕交接出迷人的景色，美到我常常把車停到路邊痴痴賞望。而夜晚的星星又亮又大，有月亮的夜裡月光總在床邊徘徊一陣才在窗口告別。雲霧在某些季節會飄上陽台，站在欄杆邊四望，如在雲端。住處雖不是天上宮闕，卻也似一戶平民仙人了。

隨著歲月流逝，這條路走著走著，田不見了，樹也不見了，鋼筋水泥的樓房盤據路兩邊，後來竟成了一條繁華大道。小橋頭的豆腐店翻成公寓大樓，當然也不賣豆腐了。連山居社區也產生變化，建商當初承諾在兩組房屋之間種花樹，後來卻種了大樓。有一戶鄰居因為買屋時建商保證不在他屋前再蓋大樓，但是後來他家窗前的山景卻成了別人家的後窗。打官司的結果因為沒有「擋住別人陽光」是犯法的條例，輸了！

剛住進山區時，蛙鳴蟲叫，一派山野情趣。有位鄰居痛恨蛙聲擾眠，通知警衛趕蛙，當然強人所難，於是他舉家搬離。真是「鐘鼎山林，各有所好」。沒想到不知什麼時候房子越蓋越多，蛙鳴就消失了。初期，蛇在社區出沒，鄰居們碰到蛇時一通電話打去，有位善捉蛇、愛吃蛇的警衛先生立刻趕來，當場解決問題。但房子多了，人多了，蛇就沒了蹤影。

有一晚回家天色已黑，一上台階就驚住了！院子後樹籬成了一片閃亮晶光的大銀幕，成千上萬的螢火蟲棲息在樹籬上！有的飛舞、有的靜佇，這迷離幻境讓我不敢舉步上台階。隨地坐下來，痴痴地望著銀光躍動的「大銀幕」，放映大自然無聲炫目的超現實舞劇。

第二天晚上回家，卻見院子後一大片樹林已被砍了個精光！一隻螢火蟲都不見了。我完全不解那織成一片大銀幕的螢火蟲究竟搬去哪裡了？牠們從此只剩下三、五隻像是失魂落魄地遊蕩著。

山區已不是當年的山區，我也搬離了。

搬到郊區一個小市鎮，站在陽台上極目望去，可以直達天邊，毫無阻擋。房子周圍是一片片青草地，有些隨意圍著，有些完全沒有圍籬。草叢中有些小花、小樹，還有小鳥鳴唱。

前窗雖有一群大樓，不過隔著一大塊空地，種著樹，栽著花，還堆了些石頭。看來很像是有朝一日會整成大花園。竊喜縱然非住戶不得入內，但在窗前看著也是賞心悅目吧。跟朋友炫耀這片未來美景，一位建築師朋友站在窗前觀察，然後斬釘截鐵地說：「一定蓋大樓！」

是怪手生了翅膀真的變成怪獸了嗎？不久，原本極空曠的後陽台面對的那片大空地，竟飛來很多大怪獸，啄呀啃呀，很多鋼筋像雨後春筍般生出來了！

天際線殘破了，鋼筋長成各式各樣的大樓。長著小花小草的空地被怪獸啃食得面目全非，泥土翻開後小昆蟲都無家可歸，成群的鳥兒跟著大怪獸填飽口腹。有天，廚房居然爬進來一隻蜈蚣，不忍心打死，挑到窗外。但牠能躲到哪裡去呢？

此起彼落的魔音在四面八方穿梭，直到天黑才罷休。大怪獸沉睡了，在夜色中似乎看到牠們在呼吸，明天醒來要啃食的草地還多著呢。

我不知道台灣是不是建屋工程最多的國家，而人民購屋的能力也十分驚人，幾乎每幢都銷售一大半，甚至全部售完，而且價格飛漲。但是卻又有那麼多人是無殼蝸牛，這怪現象真讓人無語問蒼天！

大怪獸任重道遠！因為還有很多沒啃完的草地啊！

5 — 看屋記

一對想落葉歸根的朋友夫婦想在台北購屋，我興沖沖陪伴，打算看看那些精美的平面售屋廣告和實際看屋之間有什麼差別。

進入第一家的接待處，高大廣闊的大廳，一張張小圓桌已然坐了不少「可能的買家」，每桌都有穿制服，精明幹練的年輕男女接待員。接待小姐先引導我們至一間小型電影放映室，她很有禮貌的輕輕關上門讓我們安靜的觀賞影片。聲光極佳，介紹世界高級住宅區的風光，當然未來我們如果要買的房屋就是有同樣的水準。幾分鐘看完，大家已經有點暈淘淘的：好美啊！交通方便，生活機能極好，看那些衣著高尚的俊男美女行走在其中，雖然很夢幻，但確實賞心悅目！

接著看樣品屋，精緻、大方、時尚的裝潢和家具，果然讓人讚嘆。屋內還有幾位「可能的買家」，跟著接待小姐一間一間房細看，有一位對燈具啦、床具啦、沙發靠墊啦、瓶花啦……樣樣有興趣。憑心而論，室內設計確實脫俗有氣質。但接待小姐很坦誠：「將來成屋沒有這樣的地板，沒有這樣的地毯，沒有這樣的壁紙……」

當然也沒有所有的家具擺設！

接著坐下來談實際問題：「對不起，我們現在只剩下×樓一間，×樓一間，其餘都賣完了。」

廣告圖上有花園流水池，但我們事前繞了一大圈，並沒看見什麼水源。

「請問你們水池的水從哪裡來？」朋友問。

「我們是用自來水。」

大家還沉浸在剛才的影片和樣品屋的魅力中，無人再提問題。出門上車以後才想起：「自來水⁉那住戶要分攤水費嗎？」

「有一天水沒了，找誰負責呀？」

「這樣的裝潢怕要百萬才行吧？」

「只剩兩戶了，為什麼還要大張旗鼓的推銷呢？」

跑下一家，房屋尚未完工，但「未來環境」的影片已呈現在「可能的買家」眼前。哇咧！比最繁華的台北東區還繁華！

朋友因看不見成屋不放心，於是再跑一家，還沒進入大樓，只見幾位穿筆挺制服的工作人員極有禮貌地說：「對不起，我們的房子已全部售完了。」

再一家，接待小姐說：「只剩×樓一戶了，帶你們去看。」

在空屋內她指著一邊窗外：「那裡將來是學校。」

另一邊窗外：「那裡將來是公園、運動中心。」

而且：「這一帶有些地基以前是墓地，像那邊、那邊……但我們這一幢絕對是乾淨的……」

而且：「對不起，只剩這一戶了。」

既然連選都沒得選了，我們只有洩氣的上車離去。朋友驚訝不已：「台灣的房子這麼好賣嗎？不是說房價高到大部分人都買不起嗎？」

我無法回答，因為這也是我的疑問。

但晚上進網站一查，剛剛接待員說售完或只剩一兩戶的房屋，居然在一些仲介商的網站上大售特售。問另外一位朋友，她回我：「妳還記得以前的電影票黃牛嗎？一樣的情形啦！」

啊！原來如此！

「安得廣廈千萬間，大庇天下寒士俱歡顏。」杜甫的烏托邦世界永遠不會出現。但這年頭咬緊牙關硬湊一筆錢購屋的人也還有，特別是辛苦大半輩子的已退或將退休的人，或把舊屋賣掉，或運用退休金選一個喜歡的環境。但買房子卻是如此艱難的功課，難怪竹科園區有位「看屋達人」，專業替人看屋，可年收數百萬呢！

新聞常報導有人剛買的房子，居然問題百出，而且投訴無門。對照那些豪宅式的樣品屋，精美的廣告，近乎天方夜譚的廣告詞，還有那些「皇宮」、「御」、「殿」、「帝」、「紐約」、「巴黎」等等房屋的命名，想買屋的人只怕弄得頭暈目眩，心力交瘁也不見得能購到一戶理想的房屋。

「為什麼剛才那位接待小姐會提到墓地這種事呢？」朋友問。

我就把一位知名藝人的母親，不滿意新屋窗口看到墳墓而打官司的八卦說了一遍。

「喲！這有趣！」

6 — 她的一天

她早晨起床坐在梳妝台邊，面對著一群高高矮矮、大大小小的瓶罐，還有方的、圓的、扁的盒子檢閱了一番。然後去洗臉槽邊，再檢閱各種液體的、乳狀的、固體的清潔用品。小心翼翼、仔仔細細洗淨臉蛋，回到梳妝台開始工程浩大的化妝大事。化妝專家怎麼教的呀？第一道……第二道……第三道……小心點，不能用力塗，要輕輕的點、拍，她的臉上起了變化，果然紅是紅、白是白，然後貼上兩把小黑扇在眼皮上，立刻又大又圓，再黏兩片小圓片在瞳孔上，神采大大不同，和剛洗完臉時判若兩人。

挑選衣服也是學問，也有專家指點過。在電視上諄諄善誘，什麼配什麼會顯得腰細，怎樣讓「事業線」更誘人，如何搭配腿會變細變長……。

至於髮型，當然不可馬虎，方型臉、圓型臉、尖型臉，各有不同。但是，絕不可違反流行，因此大家看起來還是差不多。一切就緒，最後再挑合適的鞋、合適的皮包就可以出門了。皮包學問才大呢，一位專家教導說：「晚上回來，把皮包裡的東西倒在抽屜裡，然後把包包按顏色、款型掛成一排，第二天看衣服顏色選擇包包，千萬不可馬虎。」

她姓百家姓裡的某個姓（也可能是極其稀少的姓），身材不高不矮、不胖不瘦。她是職業婦女，也可能是家庭主婦。年齡可能從二十幾歲到五六十歲，因為美容整型技術神奇，你很難確定她的實際年齡。

辦公室午休的時候，一夥女同事各自拿出不同的購物型錄，或網上下載的購物資訊，埋頭研讀如何買到又便宜又「潮」的東西。謹記週年慶、開幕的日期，以防錯過。

她是家庭主婦的時候，有更多時間在電視購物頻道上巡梭。不管賣的是什麼東西，都充滿了誘惑力：春夏秋冬的衣物都比自己衣櫥裡的更美麗，廚房裡的鍋碗多麼漂亮好用，清潔劑多神奇……樣樣值得買，而且要搶，因為「滿線中」啦！

興奮刺激的當然是擠在人群中排隊搶購，跟前後左右的人有一種「同心協力」的「革命情感」。眾人齊伸手的時候自己奪得先鋒，更要犒賞自己多買幾件。

永遠覺得自己太胖，因此各種減肥食品、藥品都要嘗試。因為代言人那麼苗條，我當然也可以，只要不斷吃下去就行了。

整型技術已經超越了上帝造人的本事，怎可放過。有位名人說「美麗是一種管理」，雖然不懂管理什麼，但美麗當然是人人想要的。於是某明星的鼻子，某藝人的眼睛，某演員的嘴巴，都可指定。只要肯花錢，絕對可以美夢成真。

整形醫師端出一大盒各種鼻子，像各式各樣的水餃放在小格子裡，任顧客選擇。天哪，這可不容易，她左挑右選，並在醫師的協助下，終於下了訂單。

至於其他部分，慢慢來，「整形美女」毫不藏私地公布自己的經驗。午休時間可以小整，放短假、放長假更可安排。

內涵也是要充實的，書店、超市裡都有精神食糧。「一百天賺到第一桶金」，「如何長保青春美麗」，「怎樣避免小三得逞」，「你的命運……」，她有時會買幾本回家，而很多藝人八卦，在美容院是供應不缺的。

辛苦一天回到住處，有時外帶晚餐，有時也下廚，因為從購物台買回來的高價漂亮廚具不用可惜。單身貴族，或「頂客」家庭，吃飯很簡單。生養孩子太麻煩，養寵物就有趣多了，精緻的嬰兒車推著可愛的寵物外出，路人的眼光也可以讓自己得到滿足。而帶寵物去美容，買衣服、飾品、健康食物等等，更可樂在其中。

晚上打開電視，豐盛的資訊、娛樂，人生七情六慾的告白，在眼前跳躍，應接不暇。八卦因真人的傳述而更精采，命運是重要的，指點財運、愛情運怎可不看。最吸引人的還是來賓口沫橫飛，表情激動地訴說自己和丈夫或愛人床笫之間的種種情節。還有怎樣和小三之間的鬥爭，怎樣得到男人的心，怎樣買到便宜貨……自己如何去整型，整哪些部位，花了多少錢。這都讓她全神投入，情緒隨之波動。

臨睡前要泡美容浴。專家指導的各種香精、各種乳液、各種護膚膏，排在浴缸旁好不熱鬧。點上精油，一杯紅酒是必須的，音樂也很重要。浴罷，裹著浴巾，坐在梳妝台前仔細地、一道道地卸妝，上面膜，全身擦乳液，去面膜，就寢。她的一天完美而充實。

中產階級、小資階級的女性，是經濟的大支柱，國家社會少不了她們呀。

（虛構小說請勿對號入座）

7 — 掉下一隻小蜘蛛

花會壓在自己喜愛的書中，信是寄給喜愛的人，那把這兩朵壓在《紅樓夢》書中的人，也是喜愛這書的人嗎？……

張愛玲說：「紅樓夢被庸俗化了，而家喻戶曉，與聖經在西方一樣普及，因此影響了小說的主流與閱讀趣味。」少女時，父親的書櫃裡真的有一本《紅樓夢》，我第一次讀只認識四個人，賈寶玉、林黛玉、薛寶釵、王熙鳳；只愛林黛玉，把薛寶釵名字常常摳掉。二十五、六歲時再讀，有點怕林黛玉，因為不知怎麼安慰她那流不完的淚水。

然後隔了將近六十年的現在，我已活得超過《紅樓夢》裡的賈母老夫人了，竟興起再讀的興趣。社區圖書室架上有一套三冊的《紅樓夢》，在架上從沒見移動過，我就借回來啦。心思少，時間多，我就細讀慢讀起來，讀到「中」冊的某天晚上，忽然一片小物從書中飄至枕上，我直覺是小蜘蛛，揮手一揮，從枕上飄落到床單，再拂，掉落下去了。接著又讀了十多頁，又一片飄下來，我用書承住細看，原來是一朵在書中壓乾的小花，陳陳的淡黃色，花瓣呈細絲般四射，花蕊像碎芝麻，約一公分半，梗長約四、五公分，輕若游絲。瞥一眼書頁，林黛玉寫的「冷月葬花魂」特醒目。這小乾花原來也是一朵小野花吧？是誰壓的呢？書的主人？讀書的人？是誰？在何年何月捐給圖書室的？這小花像出土的古物重見天日，可惜被不知情的我摧毀了第一朵，我好好保存著第二朵準備攝影留證，但等我讀完全套《紅樓夢》以後，卻怎麼也找不到，找到眼睛都要脫眶也不見蹤影，難道這也是一「夢」！

在書本或信件中夾花，是我青少女時代流行的浪漫。隨手可得的是小野花，壓出來最美的是牽牛花，一個多月後花瓣呈淡紫色，薄如輕紗，形如小仙女的舞裙。楓葉形美，色美，也受歡迎。豐腴汁多的花不適宜，會沾溼紙頁。花會壓在自己喜愛的書中，信是寄給喜愛的人，那把這兩朵壓在《紅樓夢》書中的人，也是喜愛這書的人嗎？

《紅樓夢》「曾經」魅力驚人，多少學者專家研究考證，張愛玲雖說此書被庸俗化了，但她自己就讀了好幾遍，而且還寫出一本《紅樓夢魘》。探討作者家世、版本，甚至女人有沒有裹小腳、續本如何、誰和誰的關係等等，簡直就像美國影集《CSI》一樣，蒐證求實，看得我暈頭轉向，拋書求饒。而中外學者論戰熱烈，成了「紅學」，似乎還沒看見哪一本小說引起這樣的迴響。

我說「曾經」，是現在幾乎沒有人讀《紅樓夢》了吧，但這書真的好看。我細讀之後，對作者曹雪芹簡直崇拜到敬畏。他可以從高潔寫到最粗鄙，就單說那個渾人薛蟠寫的那首渾詩，其露骨淫穢，只怕現在前衛的年輕作者也不敢寫在書中吧。那些看園子打雜的婆子們，罵起人來潑辣下流，真真讓人咋舌。但他又能讓大觀園裡冰清玉潔的姑娘們作詩填詞，我不懂詩詞，可如果寫得不好怎能讓那麼多學者青睞。林黛玉的葬花辭至今還有人會吟誦幾句呢。

曹雪芹並不只寫兒女情，第十七回他寫賈政帶領一幫清客遊剛落成的大觀園，要在亭台樓閣上題名，兒子寶玉隨從。大家知道他要試兒子「功業進益如何」，所以彼此「只將些俗套來敷衍」。寶玉也知道父親的心意，大展身手。以寶玉的才情當然每題都是出類拔萃，眾清客喝采不止，賈政卻百般貶抑，但又「拈鬚點頭不語」、「點頭微笑」，寫一個父親內心對兒子的喜悅讚賞，卻又不好意思在眾人面前表現出來，真是刻畫入微。張愛玲說《紅樓夢》是創作不是自傳，是有道理的吧！

此書人物上百，重要的幾十人個個性格鮮明。我活過漫長歲月，回想認識和交往的人中，甲有點林黛玉，乙有點薛寶釵，丙有點王熙鳳，丁頗有幾分賈寶玉，還有妙玉、史湘雲、王夫人、賈政等……十分有趣。而黛玉不全然是刻薄小心眼，寶釵不全然是大方忠厚，潑辣貪財的熙鳳在這個大家族衰敗時，還拿出私房錢救急。賈寶玉更不是媽寶，他在了斷塵緣之前替父親考中了舉人，是他自己最討厭的功名。

《紅樓夢》是一部女性血淚史，那些買來的丫頭、伶人當然身世悽慘，連選入宮中作王妃的元春，也有家人難見面的辛酸。寶釵雖然贏了黛玉嫁給寶玉，卻只有心不在的丈夫和虛虛幻幻的婚姻。最悲慘的是帶髮修行的美女妙玉，清高潔癖到砸碎一只名瓷茶杯，只因鄉下劉姥姥喝過一口，最後卻被強盜擄走，可能墮入風塵。雖有諷刺，卻也讓人心疼。

張愛玲恨「紅樓未完……小時候看紅樓夢看到八十回後，一個個人物都語言無味，面目可憎起來……」我卻沒這麼敏感，依然讀得津津有味。只覺得最後一回賈寶玉的遺腹子會飛黃騰達這一說，感到寶玉最討厭人追求功名利祿，稱那種人為祿蠹，如果兒子如此，他的感觸可糟了。若真是曹雪芹執筆，他會這麼寫嗎？但賈寶玉「光著頭，赤著腳，身上披著一領大紅猩猩的斗篷，向賈政倒身下拜……」然後在白茫茫的雪地裡消失無蹤，這一景真是讓人印象深刻。

可見續寫者功力也不弱。

《紅樓夢》的吸引力隨處可見，王鼎鈞先生的〈靈感速記〉中有一段：「《紅樓夢》最後一幕是寶玉出家，書中千頭萬緒已不了了之，於是產生了紅樓續夢、紅樓圓夢、紅樓春夢、補紅樓夢、後紅樓夢，據說還有一部《鬼紅樓》。」哇呀呀！有哪本書如此魅力。

學者余英時在《紅樓夢的兩個世界》中說：「紅樓夢簡直是一個碰不得的題目，只要一碰到它就不可避免地要惹出筆墨官司。」我不夠資格打官司，只是慶幸自己讀到這本精采的書。我也不特別感嘆那從興盛到衰敗，那無可奈何的命運，那貧富懸殊，欺善怕惡的種種現象，因為世事常如此。我佩服曹雪芹寫得太深刻了，常常忍不住嘻笑怒罵，忘了身在何處。一本耐讀、好看的書是書痴的福氣。

於是我在路邊摘了兩朵小野花，輕輕夾進書中，說不定有一天也會有某一個書痴，讓它們像古物一樣重見天日吧！

8 有一天真的沒有紙本書了嗎

大廣場上，一台巨大的電腦占據在司令台上。遙遙相對的是一台很小的電腦，配文是「報告，我已經把地球上最後一本書消滅掉了。」我在大笑之後竟心酸起來。對一個書痴而言，這可不是什麼好笑的事。朱德庸先生的漫畫大都以書、作者、讀者為主題，總讓人會心一笑。但是這一幅卻勾起我的愁緒，因為那是真的！

過一陣子，又在「聯副」上讀到隱地先生一篇〈寫給某作家的一封信〉。愛寫又愛讀的人看了真不知如何是好。這封委婉沉重的信，只是出版人無法替一位作家出書，不得不把稿件退還。退稿的原因是「書籍顯然遇到一次新的驚天動地革命，鉛字沒有了，紙和筆即將消失……」這已經不是出書會不會賠本的問題，是根本沒有紙本書啦！

電腦專家預言五到十或二十年，紙本書會完全絕跡。但又安慰書痴們：不必太發愁，以後的紙本書會回到從前，變成手抄本，精裝，限量，是一種工藝品……試問有幾人買得起啊！而且你不能捲、不能摺，不能興起眉批，很難躺著歪著讀。

如果沒有紙本書，室內就沒有書架，牆壁就沒有色彩，書痴們就失掉那些靜謐的站在架上，可以隨心情抽出來的朋友。也失掉因為有書才發生的、有趣、驚奇的事情。像伊塔羅．卡爾維諾的《如果在冬夜，一個旅人》，書中主角買了一本新書，讀到三十頁左右，忽然發現和已讀過的那頁完全一樣。原來是頁碼印錯了，從三十二頁回到十七頁。去店裡換書時，碰到一個「正妹」也為同樣原因來換書。結果不但和「正妹」交換了電話，還換了新書。不料讀到一個關鍵句子的一半，竟然接著兩頁空白。他心有不甘，又去換書。如此這般的追索下去，一直讀了十本書。和正妹關係如何，請讀原文。電子書可能就不會這麼有趣了。

另外阿根廷作家卡洛斯．M．多明格茲的《紙房子裡的人》，如果沒有紙本書，書中的主角就沒法用書當磚頭蓋房子，也就不會有這本讓人驚嘆又有深意的書了。

如果紙本書消失以後，二手書店大約也慢慢消失了，逛舊書店的樂趣也沒有了。在那些巷弄或小街上逛二手書店的收穫，不只是價格上的喜悅，還有穿梭在意外的發現、或想像某本書背後的故事的樂趣。

有位老友以前逛牯嶺街舊書店成癮，她說比去書店買新書有意思。因為會淘到「踏破鐵鞋無覓處」的珍本，有時候書內頁還留著

「××惠存指正，××敬贈」的字樣。她就會想作者和讀者的關係，這本書為什麼會流到舊書店？說不定是一篇很動人的故事。

寫英國倫敦一家舊書店主人，和美國一個女作家因買書賣書而結緣的《查令十字路八十四號》，他們通信二十多年，始終沒見到面。從信裡面讀出兩人鮮明的個性：女作家活潑、爽朗、不拘小節，舊書店主人拘謹、感情不外露，典型英國紳士。他們因書而引出一段溫厚、關懷、二十多年不變的友情。似乎只有發生在一家舊書店，店主人才會這樣不厭其煩吧。

現在我們還有些二手書店，環境比過去牯嶺街更好，有些還有咖啡飄香，有些也做公益活動，相信也有些動人的故事。但這些店在紙本書絕跡後還能存在多久呢？

在國家圖書館工作幾十年的王岫先生在《迷．戀圖書館》中提到他「雲端時代」的女兒，在網上找不到她要的資料，還是求助於父親在圖書館中找到紙本書解決了問題。王先生樂觀的相信：「有了網路，圖書館還是可以屹立不搖地存在。」王榮文先生在高雄總圖館開幕時表示：高雄兩百七十八萬人可以同時借一本書，不要付錢，不要排隊借紙本書，一年可以借六十本。（但是王先生可一直在出版紙本書呢！）

圖書館繼續存在很可喜，電子書威力強大更驚人。然而沒有了紙本書，作者和讀者之間如何在雲端互動？我很幸運有很多寫書出書的朋友，每次他們送新書給我的時候，翻開真有紙香、簽著作者和我的名字的新書，那一刻的喜悅和感動會存留在心頭很久。如果沒有紙本書，就沒有新書發表會了吧？讀者和他們心儀的作家就不能面對面地交流情感，作者因為書有人讀而安慰高興，讀者因為見到作家本人而歡喜，有時候還會殷殷地詳說自己的姓名，匆忙中說幾句仰慕的話，辛苦寂寞的寫作者會得到鼓勵和支持。雲端的作者在「雲深不知處」要怎樣得到人的溫暖呢？

但是在我有生之年，紙本書還不會消失。出版社雖然經營辛苦，每年還是會有新書問世。報章雜誌還是會介紹新書，像我一直閱讀的「聯副」和《文訊》，而後者更有作家動態，讓我這個書痴不會寂寞。在人生的道路上，彷彿有伴同行。

是杞人憂天吧，暑假時小孫女說老師給他們的作業是讀《水滸傳》，有的地方太難了看不懂。我一聽到這本喜歡的書，就說：拿來我看看，我太熟《水滸傳》了。

結果她把手機給我說：「在這裡」。我當場敗給她了，突然想到現在這世代的年輕人，在手機上除了跟人交往以外，看書，看電影，看電視……都在掌中那小小的螢幕。他們的眼睛受得了嗎？但是誰能抵抗雲端？

也許、也許人類身體的構造會進化到適合所有新產品，那已經與我無關了。

我把手機還給小孫女，拿起我正在看的一本推理小說，享受咱的紙本書。

9 — 愛風（iPhone）與愛派（iPad）

在「聯副」上讀到張系國先生一篇〈大海航行靠愛風〉，因為愛讀科幻小說，張先生的文章必不錯過。我雖然不是用愛風，但活在這個幾乎人人有手機的時代，有幾人能免疫？不過熟年，特別是「銀髮熟年」的一族，和手機電腦等科技產品打交道時，真是備受「歧視」，有時在年輕人面前挺像是智障，雖然他們表現得似乎很禮貌。可你不好意思問得太多太仔細，因為在他們認為簡單得「理所當然」的操作步驟，老人家聽來卻是外星語言。

張先生寫他和女兒全家去餐館用餐，小外孫堅持要吃芝士蛋糕，張先生找藉口說不知最近的芝士蛋糕工廠餐館在哪裡，誰知小外孫抓起外婆的愛風4號就說「芝士蛋糕工廠」，那愛風4號立刻顯示出到最近工廠的地圖。大家只好屈服。真是科幻電影的場景。

我最近和手機也有一個說來好笑的事件。一個月前用了三年的手機終於報銷，趕緊去換一台。服務的小姐擺出一排各式各樣的手機讓我挑選，我說要最簡單的款式，她推薦老人專用的，字大又少功能，但我一看就心中冒火，馬上想起以前流行的「媽媽裝」，好像人不年輕就該穿得又土又俗似的。那老人手機固然字大，可是花樣設計得真「ㄙㄨㄥˊ」，老人就不能「潮」一點嗎？

最後她推薦一款大方簡單的，說是「半智慧」型，並傳授了基本操作方式。登記資料時，我出示駕照，她驚訝地說：「妳有駕照耶！」真是！我開車時妳還沒出生呢！年輕人把老人看成什麼啦！

春節，兒子全家回台，大人聊天，孩子覺得無聊。小孫女扯著我的口袋問：「奶奶，妳的手機有沒有遊戲？」

「什麼？我不知道耶，妳自己看看。」

她接過手機，小胖手左點右按，上推下移，小螢幕上就出現一片圖案。

「妳看，這就是遊戲，妳會不會玩？我教妳，這樣……」

我當然學不會。第二天用手機時，發現竟然聽不見聲音了。我向兒子興師問罪，一口咬定是他女兒無意間把聲音按掉，他檢查了一下說：「妳的手機算是半智慧型，只要觸控就行了，不用按啦！」

好！我算是學會了一招。

他們離台前一天，兒子說寫稿可以用「愛派」，很方便，就送了我一台：「妳只要這樣……這樣……就可以用了。」

我雖高齡，卻勇於學習。對於機器我向來不怕，只是年輕時沒這些玩意兒，老了以後，有些頑固的習慣不想改。

兒子說可以用「愛派」寫稿，但我偏愛用筆寫在紙上。尤其用到好寫的紙筆，文思從筆尖流到紙上，像對愛人娓娓談心，哪是硬邦邦的電腦可比！聽說黃春明也堅持用紙筆寫稿，年輕人怎能體會。

「可以看電影。」

我喜歡在大電視上看，更喜歡到電影院大銀幕上看。

「可以當電子書。」

我喜歡紙本書，躺在床上怎麼捏都行。

「可以……」

我喜歡……

「好啦，妳就當玩具玩玩吧！」

於是我收下那台「愛派」，拿在手上瞪了它老半天，竟無從下手，只得花五百元請年輕的專家來，通上電連上線，開了機。但再問要再加錢，算了，我自己來摸索吧。

「有些功能妳不用就可以關掉。」專家臨走時丟下一句體己的話。

這天讀到張先生的文章：「當您不怕機器時，機器就隨時會為您所用。」我要改成「不反對機器」，機器就會為我所用吧！

在「愛派」的面板上印了無數手印和指紋之後，在我掌握了怎樣寫筆畫才能顯示出正確的字以後，在我認識了那些圖案的功能以後，我終於學會了傳出及收到並回覆伊媚兒，照相及錄影，以及正在試的視訊，嗯，這玩具確實不錯。而且我不擔心把「遇到色狼，要立刻報警」寫成「抱緊」，不擔心沉迷網路送掉老命，不擔心疏離真人只面對機器。外電報導說「社群網站推特共同創辦人史東表示：上癮的推特用戶每天連線的時間可長達十二個小時，相當不健康。」我不會上癮，因為老人家有適可而止的智慧（應該有）。只要活著，就不能跟時代絕緣，有機會接觸新東西，就不要拒絕，其中可能會發現樂趣。不過我的私心話是：若不是兒子孝敬的，我寧可拿這筆錢去買書。

後記

一個多月後，我玩愛派的技術「精進」，發現這產品頗有迷人之處。好友傳給我一個「可惡的笑話」，有個兒子買了一台愛派送給老爸，那老先生卻當成是新式砧板，切菜之後還用水沖洗。接著看到網上有個為人子者問：什麼地方可以教老人學電腦？我媽想學，但我超沒耐心教。

老人在很多年輕人眼中竟既笨又蠢，因此我要收回我對愛派的評語。不要怕學新東西，老人絕對能學好。讓那個說「老狗學不會新把戲」的傢伙，把這句話吞回去。學習永遠可以樂在其中，我倒是要謝謝兒子呢。

10 — 神花朵朵開

我極羨慕那些有綠拇指的人，他們能像施魔術一樣讓一株幼苗或幾粒種子，在巧手下綻放炫目的彩花。而我「耕耘」的結果常是灰頭土臉，悽悽然收拾枯萎的苗渣，或望斷雙眼也不見土裡冒出一星綠芽。

去年夏天買進一盆紫色小花，繁盛得連盆沿都看不見了。賣花者再三保證好養得很，定期施肥澆水就行，並贈進口肥料一小盒。我發誓嚴守規定，但是隨著氣溫漸低，這盆「好養得很」的小花到春節前就只剩一盆枯枝。春天我鬆土施肥澆水，在萬物重甦的暖春也不見醒來，當然今夏的酷熱那盆枯枝是熬不過去了，在陽光下似乎要燃燒起來。

在這盆小花之前，友人送我三盆迷迭香，說妳只管澆水，偶爾撒點咖啡渣就行。在幾個月內我享受了從枝頭摘新鮮香草入菜的快樂，但漸漸的彷彿被下了蠱似的，不行了！不行了！我在心裡焦急地喊著，它卻「漸行漸遠」。我向已回海外的友人求救，友人大惑不解，說她在自家院子種得很好，而且別人也種得很好呀。我的沮喪自不在話下，真的就是沒有綠拇指嘛。

但，我也曾在滿園奼紫嫣紅，好一片花花世界中度過一段時日。不過得坦白招供，大都是無功受祿。有的是前人之蔭，有的是天成。

多年前離北市去山居，緊臨一大塊無產權但可使用的土地。野草沒腳踝，一棵大松樹為界，自覺沒本事開墾遂任其荒蕪。有天傍晚無意中發現草叢中有幾片像劍刃似的綠葉，顯然非草類。再撥開野草，只見綠劍刃彷彿有點規律地藏在草中。我立刻呼叫孩子們來挖寶，把劍刃周圍的草拔淨，現出一片「良田」！是前任屋主栽種的吧？我們不識是什麼寶物，也不知如何養護，只注意不再讓野草湮沒它們。

我幾乎每天注意綠劍刃的變化，在長高的同時中間生出一根綠莖。然後每莖頂上冒出一個花苞，太神奇了！花苞從小小綠綠的慢慢膨脹，綠中帶黃，綠中帶紫……有天早晨我驚呆了！幾朵花苞綻放開來，紫紅色的花瓣像軟綢緞精心剪裁，大大小小拼接得婀娜多姿。天哪！這是什麼花？梵谷的鳶尾閃進腦中，但那是藍色的。曾經看過的鳶尾花是紫色的，而我眼前卻是紫紅有些白色花紋，花形「貌似」鳶尾。那時電腦還沒進入家庭，何況這樣神奇綻放在草叢裡的花兒，管它是鳶尾還是鳳尾，我就不必請問芳名啦！

自從「神花」一朵接一朵綻開，我就不允許野草放肆，但因為從來沒澆灌過也就不敢灑水。而它們就這樣美美地佇立了將近一個月，而且在每年三、四月蒞臨。

因為這些神奇華美的花，我們做了簡單的兩面竹籬，沒想到一年多以後，又有不勞而獲的美事。既沒插苗又沒播種，卻見幾種不同形狀的綠順籬而上，美妝了竹籬。不知何時籬上有了黃色、紅色的小花，而紫色的牽牛花簡直鋪天蓋地。再加上一年前在山區散步，撿到一枝帶根鬚的小青竹，隨手插在土裡，竟潑辣地霸占土地成了小小一片竹林！

花好像會呼朋引伴似的，籬外有一條小水溝，悄悄地開了幾株野薑花。潔淨的淡香，素雅的柔白，絕對可以和出汙泥而不染的荷花分庭抗禮。

11 — 野草不記仇

說起荷花，那是我至今最有成就的一次養花（不是種花）經驗。雲門再一次轟動演出《九歌》舞劇之後，懷民把種在舞台上讓觀眾驚豔的荷花分給老友們。體貼我山居不便，連大花缸都一併搬來了。置放在陽光最好的陽台上，兩朵盛放，一苞挺立，三片綠葉，簡直是布置好的攝影或繪畫題材！我又拍又畫地玩了好幾個星期。

仲夏尚未過去，其中一朵花瓣凋謝。且慢嘆息！花心中長出銅板大的綠蒂，細看卻是幼小的蓮蓬。這個綠色小酒杯慢慢長大，但那苞卻仍未綻放。醬色的大缸中居然住了荷花三代，這，這，這太難得了！

我一定要留住這缸荷。請教了高人，說是缸底要放雞糞，明年才會開得好。我絕不辭辛勞不怕麻煩，購得一包雞糞，用報紙包好，手伸到缸底（齊腰高的大缸）擺好，孩子們捏著鼻子觀望。我得意地說：「有耕耘才有收穫。」

果然年年可在家觀荷，只是三代同堂在十年內才出現三次，並不可多得呢。幸好陽台是露天的，年年放雞糞無妨。除了用雞糞養荷以外，真的是袖手旁觀坐享花容美色，連帶的院中野草也自由自在滋長（只要不侵犯大花）。有次社區裡一位原住民職工來幫忙抓蛇，臨走時笑著說：「妳家院子有很多可以吃的菜。」

啊？我蹲著看了半天，也不見哪一棵有「菜相」，日久就淡忘了。後來認識「就要採野菜」的作家方梓，她在《野有蔓草》這本書裡把野菜寫得讓我讀來手不能釋卷。每一株野菜有學名、俗名、歷史、功能、故事……實在太豐富了。如果山居時認識她，一定可以來一桌野菜宴，可惜錯過了。

回到平地，我只有一方小院落。有兩株杜鵑，被我種枯了的三個盆景，心灰意冷任由小院落荒蕪。風雨不斷的一個多月後，我到院中張望，驚見滿院綠色。各式野草恣意怒長，有的像小芋葉，有的像羽毛，有的儼然一棵小樹，竟還有美如蘭葉之姿的。奇的是杜鵑梢頭伸出妙曼捲曲的細藤，上有小小的葉片，再細看不得了！這藤從樹根迴旋而上直到樹梢，昂首弄姿，我憤而拉扯，藤細卻韌，真是「百煉鋼化為繞指柔」！順著藤往下拉，才發現幾乎三分之一的院子土地都爬著這細藤。經過小樹就往上攀升，我停止拉扯端詳，倒也是一種美景。因為那細藤蜿蜒多姿，小葉片綠如翡翠，迎著天光著實美麗。有天在郊外散步，發現那綠藤到了空曠之地攀纏在野樹上竟有一層樓高，葉片大如七、八歲孩童的手掌！伸上樹梢去的宛如青綠色的小細蛇，真是不可小看它。

世人對花的讚美言詞多到氾濫，但草就算了吧。「拈花微笑」不但美還有禪意，說女人美如「花」可博美人嫣然一笑，說長得像「草」也許會吃一頓繡拳。幾乎大部分畫家都畫過花，連畫瑪麗蓮夢露、毛澤東、罐頭的安迪．沃荷都畫過。有名花但沒有名草，最有名的也許就是《紅樓夢》虛擬的、林黛玉的前身「絳珠草」吧！我曾想過曹雪芹為什麼用草來隱喻一身靈氣的林黛玉而不用花？是因為草的直樸無華？林黛玉從來不珠光寶氣，從來沒有心機。

草向來是低下的：一介草民，是微小的；斬草除根，是不屑的；草草了事……但是米和麥是草種，沒有這兩種草的結實，人類就活不下去。草藥救命無數，在人類上太空的今天，醫學界還在研究。牧草餵壯了牲畜，也為地球上某些人遮風避雨。而且在文字上有草書但沒花書，粗查了字典，草字頭的字有兩百三十個，這草豈可輕視！

不聞不問的小院落忽然鋪了一片綠，野草綴滿每個角落。高低有致，深綠、淺綠、綠中帶紫、帶黃、帶褚、帶紅……真的嘆為觀止。哎呀！我從來沒有如此細看野草。原來大自然是公平的，給花色彩也給草色彩。是人把萬物分成高低，甚至加上價錢。

把空了的大花盆鬆鬆土，拔兩根枝葉茂盛的野草插進去，再拆幾段細藤壓在土中，我要試試種草。不澆水不施肥，草是怎麼長的就怎麼長吧。

接著一個多月，不看不關心，我雖心裡惦著卻只因好奇。終於有一天到小院角落看大花盆，野草真的不騙我，全都活著！那細藤也攀上去了。欣欣向榮的一盆草，只給土，大自然給空氣、水、陽光，生命就活了。我曾殲滅過野草，但它不記仇。雖然沒有綠拇指，仍然能享受野草的美，和滿園的花一樣。我衷心禮敬大自然！

12 — 被冷落的樹花

冬陽讓人覺得特別溫暖，秋陽似乎特別明亮，陽光就是陽光，但季節不同，人對陽光的感覺也不同。走在秋陽裡，彷彿黑澤明電影《夢》中，那走進梵谷麥田裡的觀畫人，是在畫中，但卻也是在真實的世界裡。

那天和兩位朋友先是到三峽一帶小遊，久坐辦公室的朋友行經山路時開心大叫：看山多美！看那塊大平原多綠！世界這麼美，為什麼有人會得憂鬱症？因為我們剛剛聽說有位朋友的朋友因憂鬱症自殺，這種消息總讓人無奈嘆息。世界這麼美，但有人就是看不見，無奈的是患憂鬱症的人不能掌控自己的情緒和行為。我們這些「倖免」的人，是該慶幸和感謝啊！

回市區進入敦化南路，哇！是什麼花！兩旁的路樹一片絳紅淺褐，在秋陽裡璀璨炫目，綠葉也閃著綠金光，美得讓人屏息。此時真羨慕住在兩旁的人們，他們知道自己的福氣嗎？還是根本視而不見？朋友有人笑罵：「別天真了！人人喜愛的東西不一樣，人人的價值觀也不一樣，大驚小怪幹嘛！」

穿過市區再進入郊區，來到淡水的山徑，此地是櫻花季的熱門景點。本以為這季節已無花可賞了，沒想到一進入小路，兩旁樹木繁花迎人，一片紫粉色的樹花在秋陽裡絕對勝過春櫻！而且點綴著綠葉更不似櫻花的單調。但卻寂靜無人，只一隻黑狗在路上踽踽獨行。

人呢?!

想到櫻花季，人們不但擠到爆，而且晨起晚歸，風吹日曬雨淋都不減賞花熱忱。櫻花固美，但眼前這樹花一點也不遜色，冷熱的差別竟然這麼大，花若有知，是否會落寞？別發痴了，林黛玉葬花傷懷的是人哪！花開花謝，月盈月缺，人投射情感，大自然只是運行吧。

群居的人卻因大自然的賞賜常常發瘋，櫻花季時不但淡水擠爆，武陵更是慘不忍聞，櫻花樹斷枝，草地踐踏到幾不成形！對岸的長假更是讓嚇人的群眾淹沒了所有的景點，連敦煌鳴沙山的駱駝，都被太多的遊客累死了！

這寂靜的山路，怒放的樹花（不知名的也無妨），霧金似的秋陽，有緣人撞見了，還真有撞進桃花源的驚喜呢！正像朋友說的，世界這麼美！而且很多是免費的。真心喜愛大自然的人，起碼不會得憂鬱症吧！

當然，憂鬱症的病因很複雜，我只是迷戀大自然，常常親近大自然，大自然就是一個大大的療癒花園。因此身後我也不願被囚禁在什麼靈骨塔，或埋在六呎之下（管它多麼高檔、豪華），海葬、樹葬、花葬都是我的選擇。

13 — 忠犬與寵物

「寶貝，你要乖乖聽話啊，聽話我才帶你出來玩。」

「你看你，我不是跟你說了嗎？你不能這樣，我講話你都不聽……」

「……」

如果只聽聲音，一定以為是媽媽對孩子，但不只一次，我看到的是一位時尚女士面對一隻小狗在在絮絮私語，而更多的時候，是一台精緻的嬰兒車，車內坐著「一位」服裝華麗的小狗，還有幾次看見男士抱著狗走在前面，女士推著空車跟在後面，看到這些我常恍神到以為是走進科幻電影，狗類已征服了人類，以人為僕從了。

有次偶爾轉到一個電視頻道，來賓正從擺在桌上琳瑯滿目的衣飾裡，拿出一朵胸花，說價值五萬元。我想對貴婦們來說大概不算什麼吧，但結果，對不起，那是他家寵物犬配戴的。接著晚禮服、披肩、比基尼、上班服……價值不是數千就是數萬，全都是寵物犬的。更炫耀的是古董便當盒，閃亮的食盆，特製的頭冠（安全帽），太陽眼鏡等等，我看得眼睛掉出來，嘴巴合不攏。哇！如不是親眼看見，說什麼我也不相信。雖然主持人對來賓說你需要去找心理師諮商，但也極可能有人向他訂購給自己的寵物犬穿戴吧！事實上寵物用品店裡有些東西的價格已經讓人瞠目結舌了。一位日本作家說，看到嬰兒車裡坐著的小狗，不能問「是公的還是母的」，要問「是少爺還是公主」。狗已是世界級的寵物了。

隔幾天在報上讀到一位獸醫系學生邱于媄的投書，更讓我心有千千結。原來現在人們寵愛的小巧玲瓏品種犬，是刻意選擇「侏儒」幼犬培育而生，器官迷你，尤其心臟常有先天問題，外表看來可愛但其實活得辛苦，實屬薄命。另外大眼西施犬，「可比擬大眼美女水汪汪眼神，卻一輩子受乾眼症所苦。不幸的話還會睫毛倒插，須手術矯正才能活得比較有品質。」

這位獸醫系學生沉痛地說：「為了讓（狗）外表趨於固定，品種狗的繁殖一開始僅由少數幾個品系近親交配而來，增加了隱性基因的表現機會，讓所有純種狗皆無例外一身是病。」悲兮！我們是應該更疼愛這些寵物犬，還是應該從根本上改變我們的選擇？因為邱同學說：「選種時，唯一的標準是外表，不論扭曲的身體結構是否會傷害狗的健康，只要牠還能活，有人要買，該品種就會繼續被繁殖。」

十多年前好友阿信帶我去她學生家，領養了一隻土狗，半歲左右，因腿長所以名叫「落腳」，我們改名「樂開」，非常溫馴，兩眼尤其脈脈含情。幾個月後，她出落得更加亭亭玉立，修長的四條腿，走動起來十分優雅。家後面有一大片野草、樹叢，我從來沒看見她在哪裡大小便，也許就是那天然的一片方便之地吧！

原先的主人把她教養得極有規矩，絕不進屋亂闖，家裡每個人出門，一定護送到車庫。回來則一定在車庫門口迎接，從沒有疏失。除非有陌生人接近，絕不亂叫。只要來過一次的朋友她就記得，總是很有禮貌的站在一旁。

有一天看見她懷孕了，我們才發現她是位小姐，真是糊塗的主人家。忙著替她的屋舍加大，增加營養。不用說她生下的兩隻小狗，帶給孩子們多少歡樂了。我更驚奇她「教子有方」。小東西斷奶以後，各有自己的食盆。可是他們認為「別人碗裡的飯香」，就愛搶來搶去，這時她會站在兩個食盆中間監守。她會帶孩子外出方便，所以我們從來不用打掃狗糞，而屋後的那片野草和樹叢似乎越來越蔥蘢了。

歲月流逝，她已壯年，兩個孩子各有異性朋友來往。她維持秩序，從未有過「群犬亂吠」的場面。這時候家裡狗口增加，有住公寓無法養狗的朋友把愛犬送來，有不知為什麼流浪而來的無名氏，在樂開的管理下，全都規規矩矩，我們除了增加飼料以外，倒也不用煩心。某年仲夏午夜，睡夢中忽然聽到一陣悽厲的狗吠聲，從來沒聽過的憤怒、恐懼，眾犬齊吠。我們紛紛嚇醒，趕快爬起來衝出屋外，在燈光下只見樂開滿頭是血！狗兒們圍著她，有的猛舔她的耳朵，我一把抱住她，家人遞給我毛巾，我輕輕擦拭，只見左耳在血泊中有一條整齊的裂痕！孩子急忙衝進屋內拿出兩瓶雲南白藥，我把一瓶全部倒在她耳朵上，輕輕捏住傷口，摟住她微微顫抖的身體，對她說話，安撫她（此時我相信語言有力量）。

折騰了大半夜，人狗才漸漸安靜。但始終不知她的傷是如何而來，若和狗打架，傷口應不會這麼整齊。「一定是打架撕裂的，我們這邊從來沒有小偷。」最後家人還是這麼認定。

早晨第一個出門的孩子才走下台階，立刻大叫：「快來！快來！昨天晚上真的有小偷！」大家飛奔出去，只見台階中途有一件夾克，撿起來一看上面血漬斑斑，幾乎還是全新的，更讓人心驚膽戰的是還有一把比西瓜刀略短的刀子！這時眾狗也圍過來，樂開有點虛弱，但仍用力的搖尾巴，當時我真感動得想舔舔她的耳朵！而我們對她捨命護家護主的英勇行為，也只能慰勞她牛肉和排骨了。跟著一起吃的眾犬，好一陣子都不肯吃飼料！

以後看見她那有裂縫的耳朵，我都會動心的想起那一夜。我們從來沒為她買過一件華服、帶她逛過街、吃過美食，既不寵愛她，也不虐待她，只是平平常常的和我們住在一起。邱同學說所有的狗兒都是從共同的祖先「狼」馴化而來，所以我們家的樂開在戰鬥時也有狼的兇狠吧！但她多麼愛我們。我學畫以後，就用她做主角——她站在台階上端，堅定的、專注的守護這個家。

人

想獨處的那份自在

1　我的一人旅行團

時間倒退到民國五十九年夏天，台北美國新聞處文化專員何慕文（Mervin E. Haworth）先生會讀中文，看了我的專欄後，邀請我去美國訪問。在這以前林海音和羅蘭女士都已經去訪問過了，海音大姐特地在她家播放訪美的幻燈片讓我了解情況。何凡先生在大家看完後對我說：「歐洲也一定要去，借錢都要去！」

當時有人擔心我：「英文不好可能不行吧，妳不能跟人溝通呀。」

我想了幾分鐘決定，能不能去是其次的問題，我必須坦白地對何慕文先生說明我英文不行，這不是什麼可恥的事。結果我不但被邀請，還有一位專門陪伴我的翻譯，是輔仁大學畢業在華府工作的錢小姐。

在美訪問期間有公費，但歐洲的誘惑力太大了，最後我真的七拼八湊加朋友借助去歐洲的小小一筆旅費，上了飛機。這是我生平第一次搭乘這種交通工具，我沉住氣觀察鄰座如何操作機上的一切，以免鬧出笑話。進入美國後第一位接待我的是六十多歲的女士，我刻意穿旗袍好讓老美認識。在美如大花園的夏威夷坐在餐廳裡和那位女士「聊天」，有限的英文加比手畫腳，我們居然「聊」得很快樂。回到旅館對自己大有信心，何況還帶了一本字典（那時還沒什麼翻譯APP），更何況到了華府就有翻譯了。

不過還是太緊張吧，離開夏威夷時竟把一件風衣忘在旅館裡。到華府住下後發現，有點心慌；在物質匱乏的年代，這是大損失。

別急別急！我告訴自己，忽然想到旅館都是事先訂好的，我拿出字典拼寫了一封信，附上郵資（當然不知多少，多付些吧）寄給夏威夷旅館，請他們把衣服寄到我下下一站的住處。結果這件衣服真的寄到，更讓我信心大增。

結束了訪美行程，行囊裡裝了兩封報社老闆王惕吾先生的信，一封給駐倫敦特派員周榆瑞先生，一封給羅馬駐梵蒂岡教廷大使陳之邁先生，我就隻身在紐約上了往倫敦的飛機。絕沒想到在倫敦碰到「今夜宿何處」的大難題，沒人接機，廣播了也沒人應，手上雖有周先生電話，但沒英幣也不知如何撥號。正張惶中，見一位學生模樣的東方青年經過，我立刻求救，他開口廣東話，我用有限的英語加有限的廣東話，他聽懂了遞給我一枚英幣，到電話箱旁告訴我如何撥號。周先生正守在電話邊，他早上剛收到信，來不及趕到機場，要我搭機場巴士到終點，他在那等我，於是危機解決。

到羅馬無人接機，在機場見識了義大利人的有趣之處。沒有行李轉台，所有的行李都丟在地上，旅客自己搶行李。有個紅色小箱不知怎麼打開了，胸罩內衣什麼的都抖了出來，圍觀的男士邊大笑邊指指點點。我搶了自己的行李，搭機場巴士到市區，到終點時我們那位大帥哥司機不知為什麼跟人吵起來，比手畫腳，滿口連珠砲，哇！我見到了真正的義大利人！搭計程車到大使館，以為萬事OK。事先沒和任何人聯絡，結果大使館門卻是關著的，敲門後一位中國青年聽我說明來意，直說：「妳運氣真好，今天是週末，本來不上班的，恰好我們有事沒走。陳大使不在，替妳找中國同學會的總幹事鄧先生。」真是吉星高照，危機又解決了。

到荷蘭的阿姆斯特丹，不但無人接機，也無任何人可找，只有航空公司代訂的旅館名稱地址。坐機場巴士到市區後大家就散了，正徬惶間，見一對印度母女也在東張西望。在白種人的國度，有色人種很奇妙地覺得親切起來。我們合雇了一輛計程車，先到我的旅館，然後竟有點依依不捨的道別。有趣的是，出國前有朋友叮嚀我荷蘭和我們沒有邦交，所以在路上就算碰到中國人，也不能隨便打招呼。但出國這麼多天，想吃中國菜快想瘋了，在旅館附近逛逛找到一家中國餐館，吃到一半抬頭發現櫃台兩個人盯著我，又用廣東話嘰哩咕嚕地小聲說話。草草吃完去結帳時，那年輕的一直用廣東話要跟我說什麼，我用英語回答，他一直道歉。回國後想想很好笑，到底在怕什麼？那年輕人為什麼道歉？但那時代那氣氛，就發生那些事。

到了希臘雅典，直奔在紐約訂好的旅館。櫃台查了半天說沒我的名字，其實我有點心虛，事前並沒有確認航空公司是否已訂好。但我不知何處還有旅館，必須賴在這裡。於是便說真奇怪這樣的旅館服務這麼不好，那我去別家吧。櫃台人員連忙說請等一等，半個小時後我得到一間有衛生設備的套房。「江湖」跑多了膽子真大了。第一天參加旅館的旅遊團，第二天沒時間，在大廳看到很多明信片，選了一張巴特儂神殿的，叫了計程車，給司機看圖片，於是我又利用候機的兩小時，遊了那千年古蹟。因為就在旅館後面，步行回去時見路上來了六、七個穿希臘古裝的女孩邊走邊唱，在神殿附近，真像在劇中，而我也成了劇中人。跟在她們後面，幻想自己也是古希臘女郎，一路走回旅館。

第一次出國，一個人遊陌生的歐洲，幸運加上自己的冷靜，安全返家。除了幾位照顧的朋友，我全都自己安排。有時參加旅館的旅遊團，有時我喜歡一個人逛。帶著旅館的名片，累了就搭計程車回去。在大街小巷看當地人的生活，坐在路邊咖啡座上傻傻閒閒的看人，那趣味大不同於看名勝古蹟。不必吃什麼豪華大餐，鄧先生在羅馬帶我去一家自助餐店，味道十分中國，尤其是紅燒茄子，但廚子是道地義大利人。在羅馬三天我都自己一個人去享受，希臘的紅燒牛肉一級棒，海鮮又便宜又新鮮。那是一個比較安全的年代，在小偷著名的義大利，我沒碰到任何騷擾。倒是買紀念品時大殺價十分快樂，好像回到台灣一般。

一個人就算參加旅遊團，也可從團體中分離出來，自己漫步在附近，有時會看到不同於觀光景點的景色。在阿姆斯特丹參加一個旅遊團，車內70％是美國老太太。導遊帶去參觀乳酪製造廠，三分鐘後我就溜出來，走一小段路看到廠外一道銀漿似的小河，一艘漂亮的小船盪呀盪的，整齊的牧草地把天襯得更藍雲更白。遠遠的看到色彩鮮麗好像積木搭成的小樓，很像童話故事的世界。

時間不夠參加旅行團時，我就坐在旅館前運河的欄杆上啃蘋果。一個像油炸大蝦的男人問我要不要遊河，一小時來回。我當機立斷，乘遊艇細細欣賞了兩岸的荷蘭房屋建築。

一個人時，更可以留意到一些有趣的小事。也是在阿姆斯特丹的機場，我看到很多攤位中書報攤生意最好。圍觀的都是紳士們，我仗著是陌生人擠進去一看，原來都是印刷十分精美的裸體美女圖片！紳士們神色興奮，手上拿著皮夾準備掏錢。呵呵！

在瑞士洛桑逛街，才相信真有那麼乾淨的城市。汽車不按喇叭、攤販不叫賣，和羅馬截然不同。

在雅典的巴特儂神殿，我一個人坐在象牙色的大理石台階上，遙想古希臘那些很有人性的神仙們，在這神殿裡談愛、追逐、嬉笑，曬著和我同樣的太陽，沐著同樣的海風，多麼奇妙。這都不是一群人圍著導遊，擠在遊人中能享受到的。

自從有了獨遊歐洲的經驗以後，我只要有機會，就收拾行李出門。有次去清境農場，沒導航，全憑一張嘴問到。在農場一個人住了兩天，帶著畫板水彩，描繪山頭的雲、路邊的樹，是我退休後第一件賞心樂事。回程半路車好像有點問題，沿路找到一家修車店，樸實的老闆邊修邊和我聊，說：「妳一個人來玩不怕嗎？」當時我豪邁地回答：「不怕！」這是二十多年前了，我不知現在治安如何，不過一個人安全是要注意的。

兩年前兒、媳邀我去北京度假。他們都是要上班的，孫兒女要上學，只能儘量抽時間陪我遊。我要媳婦替我把想去的博物館、畫廊等地方要搭什麼交通工具，上下站名等等寫下來，然後她送我到地鐵站口，我老人家就獨自去遊了。盡情看自己喜歡的，中午就在館內午餐，或附近小館解決，看北京人的生活。去醫院看足底筋膜炎，才知道沒有塑膠袋裝藥，得自備，急中生智用圍巾做了一個包袱裝一堆藥回家。還讓修腳師傅修了腳，這可是我生平第一次的經驗。完全自由自在、隨心所欲、十分有趣的一次度假。媳婦說：「媽媽真厲害，都不要人陪。」

一個人有能和自己相處的能力，就能享受獨處的時間。而這能力從成年以後就要慢慢訓練，越老越精。

我有兩位比我年輕的女性朋友，也常獨遊，我笑她們都旅行成精了。還有一對夫妻到了旅遊地點，就分開各自看自己喜歡的東西。本來夫妻就是不同的個體，「同出同進才恩愛」是一種迷思，有真感情的能享受各自獨處。

2 — 享受孤獨時光

幾年前，由「鳳凰女」茱莉亞．羅伯茲主演的《享受吧！一個人的旅行》，曾經風靡了很多女性觀眾。有人說看了會又哭又笑，而且得到很大的啟示，知道如何處理自己的情感和心靈。但也有人認為那只是一個有錢的女人，花了大筆的銀子去玩了一趟。她的痛苦本來就是無病呻吟，如果真要懂得愛人，只要去世界上極貧的國家，看看那些飢餓貧病的人們，就知道該如何愛人。

有位朋友說，這部電影真正吸引女人的是「一個人」這三個字。自從女性意識抬頭以後，女人漸漸的要求成為一個完整的人：就是

如果真要懂得愛人，只要去世界上極貧的國家，
看看那些飢餓貧病的人們，就知道該如何愛人。

戀愛、結婚、生孩子，她仍然是個完整的人。但是很多女性下意識的會依循「嫁雞隨雞，嫁狗隨狗」的傳統，把自己的完整分裂。有位朋友記得電影中一句台詞：「妳和史帝芬在一起時就像史帝芬，和大衛在一起時就像大衛。」可見世上很多女人逃不開這個「魔咒」。碰上另一個男人時，那女人就分裂了。

當兩人終成眷屬以後，當日子上了軌道以後，女人開始想念完整。英國女作家維吉妮亞．吳爾芙的名著《自己的房間》是很多已婚女人的心聲。在家裡有個空間，可以自己「一個人」享受。當然，對那些住得起豪宅，有「自己的房間」而仍然不滿足、不快樂的女人，那又是另一個話題了。

不少忙著家庭和工作的女性，婚姻生活中有一種「小確幸」，就是丈夫或孩子的爸爸偶爾小出差不回家，主婦就鬆了一口氣！今天我可以完全自己作主了。婚姻中兩人逐漸年歲增長、子女離巢，只剩兩人相對時，由於無形的空間越來越擠壓，中間的「媒介」——子女、工作都沒有了，摩擦隨著增加。當然幸福的婚姻，兩人更加互相扶持的也很多，可是表面風平浪靜，暗中波濤洶湧的更不少。

一位朋友的父親過世後，她陪母親旅行散心。住進旅館後她勸母親不要悲傷，母親望望窗外，平靜地說：現在是我最輕鬆快樂的時候。她冷靜的替母親想想，父親長時間不適應退休生活，又染病在身，喜怒無常的脾氣，母親全部承擔。以父親為生活中心，完全沒有自己。她緊抱著母親，以一個女人對另一個女人的了解抱著母親。後來她告訴我，母親一個人活得很輕鬆快樂。

八〇年後出生的女性，無論思想上、經濟上，都比上上代的女性寬廣很多。她們享受「一個人」的生活，戀愛但不一定結婚，結婚但不一定生孩子，生孩子但不一定要放棄自己的事業（職業）。有些妻子有自己獨立的銀行帳戶，有自己的朋友，甚至有自己名下的房子。（記得民國七十年以前，已婚女性縱然把房屋登記在自己名下，卻仍然屬於丈夫，除非能提出當時購買自己支付的支票，但並不是人人都有支票，像美國人那樣）這種平等是人性的進步。然而為什麼一部最近描寫女性心情的電影，還是要強調要一個人去旅行，去從日常生活以外的生活，尋求心靈上的滿足？一位朋友直指：是因為有了「一個人」的自由，但沒有處理精神生活的能力。旅行對一個人有種種好處，卻沒有辦法解決一個人心靈上的困惑，或對人生的不滿。

「一個人的旅行」不是浪漫，讀「英倫才子」艾倫·狄波頓的《旅行的藝術》，就能體會旅行的得與失。但對一個女人來說，一個人旅行，除非你是像影片中那樣貴族式的，否則困難多多。所以一個女人就不能像那位用八十五萬元、遊二十六個國家的陳威庭先生，也不能像《轉山——邊境流浪者》的作家謝旺霖，和《趕著驢車去新疆》的作者鍾振翅這兩位後生，嘗到深入旅行的滋味。

狄波頓引用哲學家巴斯卡在《沉思錄》中的一句話：「人不快樂唯一的原因就是，不知如何靜靜地待在自己的房間。」幾位退休獨居的朋友都懂得快樂人生的真諦，「靜靜地」享受「自己的房間」。一位朋友住在美國東部，每次回來都買一大箱中文書回去，她常說的話就是「一個人真好」。女性一般比較長壽，晚年變成一個人的機率較高。一個人的生活可以變得孤苦讓人可憐，也可以變得瀟灑自在。經濟能力不是唯一的原因，健康也許影響比較大，心態才是決定的關鍵。看你能不能「靜靜地待在自己的房間」，過好一個人的生活。

一位朋友在兒女獨立成家、丈夫去世後，忽然覺得房子變大了。當年總覺得少一間房，自己幾乎除了半張床一個衣櫥以外，沒有固定的空間，現在走到哪裡都是「自己的」。於是決定按照自己的意思重新布置，她快樂而滿意。雖然「自己的房間」來得比較晚，但享受一天是一天。她說不抱怨以前，只享受現在。她不但重新布置房子，也重新安排自己一個人的生活。

林懷民寫他那堅毅、柔情、恪守做人原則，對花有不渝的熱情的母親，在他父親往生後，「終於沒有後顧之憂，可以自在地到處旅行，翌年一月去印度，二月遊義大利，四月到荷蘭賞花，五月……」對另一半無怨無悔奉獻的女性，能享受「自在」生活時，內心是恬然的吧！

一個人去旅行不等於會過一個人的生活，更不等於解決了精神和心靈的問題，銀幕上的浪漫也不是真實的人生呢。再借一句狄波頓在旅行中的體會：令人賞心悅目的東西不一定讓人快樂，快樂是根深柢固屬於心的。

3 — 要獨處不要孤獨

我一直認為獨處和孤獨完全不同，孤獨是寂寞的，是無奈的，也是自憐的。而獨處即使一個人生活，也不會有那種情緒，心靈是豐富的，滿足的，自得的。獨居不等於孤獨，最常被人提起的《湖濱散記》作者亨利．大衛．梭羅，一個人在華爾騰湖獨居兩年多，留下很多心得，常被人引用。我最欣賞的是他說「珍貴的時刻只會在他獨自一人時發生。」和家人朋友相處當然也有溫馨快樂，但這些時光人無法深入思考，不能觸到心靈深處。事實上梭羅不是隱士，他關心人，他反奴役，呼籲廢奴，關心自然生態。他只是要過最簡單的生活，要獨處思考。安靜的思考，就是珍貴的時刻。

每次讀李白的〈月下獨酌〉，就會想像詩人在享受他獨處的快樂。舉杯邀請明月，在月光下唱著舞著，也許正在構思下一首詩，也許什麼都不想。還沒醉時享受月亮、影子、我三人對舞的快樂，醉了就忘了吧。能獨處的人喜歡自己，情緒上不倚靠別人，會獨立思考。能獨處的人也有好奇心，開放的心，不是孤僻的冷漠的。陶淵明的「採菊東籬下，悠然見南山」，王維的「行到水窮處，坐看雲起時」都是在享受獨處。籬邊水邊多一人都不行，兩位詩人一定是在獨處時寫下這傳誦千古的詩句。孤僻冷漠的人不會熱愛大自然，他們無心看山看水。

據說現在台灣每三戶有一戶獨居，有些是老人，有些是年輕人。因為女性有了經濟能力，可以不婚獨立生活，再加上通訊方便。尤其住都市生活機能好，獨居者可以自給自足。有業者開辦單人房旅館，單身女性一個人旅行不成問題。很多女性一個人上餐館、看電影，連銀髮族女性都有這「膽量」了。

可是正像台諺說的「一種米養百種人」，有人享受獨處，有人害怕落單。在不得已要獨居時，被孤獨嚇倒了，自憐自艾。輾轉認識一位從東部來到北市的年輕小朋友，租屋獨居。她寫賴給我說：「下班回到屋裡，這不是我的家，……一切都是冷冰冰的，甚至連床都不溫暖。窗外是燈火繁華的都市，但是我只覺得像住在沙漠裡……可是我必須住在離家很遠的地方，因為我要這份工作……我的家人需要這份收入，我不能任性……，很羨慕那些可以按自己意願生活的人……」

她的文筆很好。一開始我只建議一件事：下班後去買一個小小的盆栽，放在有光線和空氣的地方，好好照顧著。其實這也是我自己的經驗：一個人搬離原住處獨居後，在窗口擺了兩個盆栽，其中一盆黃金葛不久竟有一枝葉莖爬上了牆。我每天注意它的生長，發現它每節有個小「腳」，會順著牆往上爬，十分有趣。我不怕獨處，但家人分住各地，一人獨居陌生環境，心情自然有不能立刻適應的時候。那盆黃金葛分散了我的注意力，我相信她也需要一盆要照顧的植物來幫助自己度過適應期。有生命的東西是有吸引力的，而照顧成長會讓人有成就感，會分散對自己的自憐自怨。

很高興她沒有拒絕別人建議的性格，有些人是不接受的。在有了第一個盆栽之後，她又多購了幾盆不同的植物，後來還養了一隻小貓，又購買簡單的炊具，不想外食時替自己做點愛吃的東西。她寫日記，有個小書架，在電腦上開啟更廣大的世界。在同事中交到一兩位朋友，她現在愛「自己的家」。

據新聞報導日本現在出現很多「孤食者」，政府要關心了，認為孤食者會影響身心方面的健康，尤其是幼童和老人。不知政府要如何關心，但很多孤食者反對，認為老人和兒童也許需要幫助，但成年人自願孤食，能享受自在、方便的樂趣，是「現代人必備的技能」。這是很有意思的社會現象——獨居孤食不是寂寞淒涼，是自由自在。有一位和我一樣獨居的朋友，我們是用書伴飯。一個很好的讀書架、一本吸引人的書，吃得專心，看得專心。現在很多年輕人是手機伴飯，這大概就是「孤食者」說的自由自在吧。不知營養學家會不會反對，不過我孤食時反而會細嚼慢嚥，腸胃從沒出過毛病。

孤獨聽起來好像很有詩意，很有哲思，好像大藝術家。大哲學家都在孤獨時創作、思考，但我卻認為那不是在孤獨時而是在獨處時。至於我們一般人在這個時代就會碰上獨居的機會，而獨居能不能享受生活，就要看能不能獨處了。法國詩人波特·萊爾在《巴黎的憂鬱》裡有段有趣的話：

「……對於那些遊手好閒和放蕩不羈的靈魂，孤獨才是險惡的。他們在孤獨中充滿情慾和幻想。」

我們的聖人才會在《禮記．中庸》篇裡說「君子慎獨」吧，所以孤獨也是危險的。不過我們不是哲學家、藝術家，也不是放蕩的靈魂，也算不上是君子，所以要享受獨處的生活，實在不難。享受獨處心靈的自由、思想的奔放，都在一念之間吧。

而孤獨的感覺卻有時會存在於婚姻、戀愛、交友，如果在情緒上要依賴別人的話。所以有人說「因為寂寞才結婚，但結了婚更寂寞」，同樣的因為寂寞而戀愛而交朋友，最後只會更寂寞、孤獨。

有一對夫妻都是「人生勝利組」，卻在結婚十多年後貌合神離。妻子對朋友訴說：「你知不知道回到家和丈夫無話可說的痛苦？我很想跟他談談看過的書，他沒興趣。有次一起去兩廳院聽世界級的交響樂，他竟然在我身邊睡著了。」

對！跟無話可談的人在一起，就會寂寞，就會覺得孤獨。有時甚至在人群中，在團體中。我的經驗是某次參加旅行團，大家的興趣不同，導遊安排的景點有時很無趣，遠不如獨自旅行深入豐富。而夫妻間無話可談的情況太多了，有些甚至要靠子女傳話。

情侶之間如何呢？「你儂我儂」、「一日不見如隔三秋」、「情話綿綿說不盡」……可惜戀愛有「賞味期」，除非兩人有差不多的價值觀，有一兩樣相同的興趣，否則情話有說完的時候。

倒是朋友可以選擇，臭味相投自然聚合。但怕寂寞孤獨的人也怕朋友聚會要散席，他會纏著拖著，希望多聚幾分鐘。可惜「天下沒有不散的宴席」，大家都散了以後，怕孤獨的人會更孤獨。唯有能獨處的人，動靜自如。

不能獨處的人就會孤獨，他覺得被人離棄，其實是自己離棄了自己。所以要會獨處，不要孤獨。

不能獨處的人就會孤獨，
他覺得被人離棄，其實是自己離棄了自己。

愛讀書的人絕對可以獨處，每本書對你說不同的故事，你能看見不同的世界、不同的人生。現在更有研究者說讀書可防老年失智，而且要讀長篇小說。書呆子是從小養成的，我父親長年在外工作，每次回家都帶書，從沒帶過女孩的胭脂花粉、珠珠緞帶。從童話《傻子伊凡》什麼的到《阿Q正傳》、《邊城》……從此我愛讀成癮，但學校教科書相比之下太無趣了，我從沒考過好成績，國文除外。幸好學校教育只是人生的一部分，愛讀書卻讓我一輩子受惠。當然那些會讀正規教育的書並有成就的人，是我敬佩的。

不過只要有心，先從自己有興趣的開始讀，現在電子書也很普遍了。

能獨處的人也有一些創作或興趣，能「自己玩」，生活簡單但不是空白。

4 — 活著的滋味

窗口邊的七星潭

我從來不是綠拇指，但我愛樹、愛花、愛草，就像愛雲、愛日月、愛風雨。沒有庭院可種花草，屋內就缺少大自然的生命。我對著窗口，決心要邀請一些花花草草來進駐。

到花圃去請教老闆，他要我買兩個小盆景，說是保證可活，只要澆水就行。果然，其中一盆白色像鶴冠的小花謝了以後，秀麗的綠葉依然婷婷玉立。另外一盆竟讓我驚豔、驚訝，他生命力之旺盛、強韌，完全出乎我意料之外。不過是一小盆水，什麼肥料也沒加，沒多久，枝葉就漫出小盆外，朋友說剪下來插在另外的容器中就會繼續活。於是我用一個深口小瓶把剪下的兩枝分插進去，不得了！沒多久那像藤蔓一樣的綠莖，頂著幾片小葉子又爬了出來！

我用一個大陶盆安放小瓶子，不斷分插，最後分裝了七小瓶。大陶盆已然再無綠地，只得任由他們從瓶內向外攀爬，所向披靡。我牽一小枝用膠帶貼向窗口，他居然也爬了上去，而且還長出一些小腳，牢牢地附著。

陽光灑進窗內，小瓶內的水閃閃發亮，像一個一個小潭。窗口邊的七星潭雖然迷你，但盆內枝葉茂盛，像小小的叢林，伸向盆外四周的千姿百態，美極了。

他叫黃金葛。這樣的生命力告訴我活著的意義。

一鍋南瓜湯及其他

秋天，我熬煮一鍋南瓜湯，金黃色的大玻璃湯鍋，裡面是稠稠的汁液，也是金黃色。因為怕粘鍋底，必須站在爐邊不停的攪動。小著火，慢慢攪，細小的泡泡冒上來以後，湯面就有了變化。一層乳黃浮在金黃上面，黑色的湯勺就攪出花樣來了，極像咖啡上的奶油花。我喜歡讓它們變成漩渦，在金黃色的深潭上流轉。陽光照上爐台，照進鍋裡，竟是燦爛光耀，我忍不住架好畫架，把這鍋南瓜湯留在畫布上。

其實剛學畫時，青菜、蘿蔔、番茄、黃瓜等都曾入畫，水果更是色彩繽紛；生活中太多畫材了，塞尚的蘋果，夏丁的陶罐、鐵鍋都從實物轉化成不朽的畫作。

不過對於做菜，我是不及格的，認真做菜反而是在退休以後，因為時間多了，可以慢慢琢磨買菜、做菜的樂趣。我特別喜歡「跟人買菜」，在郊區、鄉間、路邊會有菜攤，鮮活的蔬菜豐盛的攤開。是自己種的菜吧，就是大氣。標了價的一堆茄子起碼十來根，五、六堆在陽光下閃著紫金色，賽過紫玉。

「阿伯，這一堆太多了，吃不完，能不能只買三根？」我竟有點怯怯地問。

「不行！吃不完就不要買！」阿伯回答得也很大氣。

「老闆娘，這蔥太多了，我只要一把就夠了。」

「沒關係，都送給妳！」另一種大氣。

「跟人買菜」就是有人味！

有次去買一只小鍋，老闆問我：「妳自己開伙嗎？」

「當然，有人家裡不開伙嗎？」

「當然，很多人家不開伙囉。」老闆覺得我很沒常識。

退休後我發現簡單做菜絕不會浪費時間，有時還能舉一反三創新。因此買菜有樂趣，做菜也有樂趣。胃口好，心情好，能自己開伙是一種生的幸福。

我痠痛故我在

在遙遠的記憶中，曾幫姑媽搥過腿。腿要搥，背要拍，肩要捏，當然這就是老囉。林懷民有次面無表情地說：「五十歲以後才知道自己有腰。」中年人心情五味雜陳，竟化成面無表情。年齡越大，越知道自己不但有四肢、五官，有頭、背、腰，還有內臟，有皮，有骨、有血、有筋。因為它們用各種訊息提醒你它們的存在，想不理都不行。

年輕時，誰要看什麼健康醫藥的玩意兒呀！但是漸漸的有一兩樣吸引你了，你上下樓膝蓋會不會痠痛呀？脖子會不會僵硬呀？眼前有沒有飄浮的黑頭呀？於是你越來越注意這些資訊，甚至還不斷搜尋更多更多，生怕遺漏了什麼不知道的東西。

一位醫生朋友談起來很感慨：有些病人從頭到腳每一科都看過了，告訴他們沒病，但他們不相信。有的甚至不斷換醫生，好像非要找到病不可。如果我說只是老化，他們可能會恨死我了！

老化！我們當然不能接受，因為我們的心還年輕，所以一定是病不是老。有病吃藥就行，於是五顏六色的藥丸塞滿抽屜，瓶瓶罐罐林立，偏方正方照單全收。但症狀也許緩和，卻絕對無法根治，甚至鬧出更嚴重的病。

老朋友見面在各種話題之外，再加上身體狀況、醫藥資訊，或是三招五式的防痠止痛武林祕訣。不管認不認老，老化就是鐵的事實。

「上了年紀以後，誰身上不帶點痠痛呀！身體呢就交給醫生，該怎麼著就怎麼著。精神呢自己掌管，不能認老。」一位上了年紀還活得風風火火的朋友這麼說。

我痠痛故我在。

有痠痛也就是活著的事實。

再說，現在很多年輕人也痠痛上身了，它不是老年專利啦。

「別得意了，年輕人的痠痛是『純痠痛』，知道吧。」朋友白了我一眼。

5　有能力獨處的人是幸運的

二〇一八年七月二十七日晚上十一點多，有人按門鈴，是齊邦媛教授的孫女佳郁。健康純樸，黑亮的長髮襯得五官更美。她笑問：

「薇奶奶，妳要不要去看火星撞月球？今天是最接近地球的時候，不看要再等十七年喔！」

「要看！要看！」我急忙穿鞋，開門問她：「奶奶呢？怎麼沒來？」

牽著她走了幾步，「不行，不行，她一定愛看，我們去找她。」

我拉著她往回走。

回頭就看見齊教授已經跟上來了。我們中間隔著一家，她笑咪咪地走過來。

「我就知道妳一定要看。」我迎上去。

「當然，十七年誰等得到。」

大陽台上，兩老一小仰望七月的天空。那天有些雲，和平時的天空似乎沒什麼特別不同，但因為有天文奇景，立刻覺得神祕起來。沒有望遠鏡，其實肉眼看不見什麼，只看到月亮附近有一點紅光。但我們三人都很興奮，好像參與了宇宙的運行。兩老笑著對佳郁說：

「十七年後妳一個人看啦！」毫無傷感，只覺得能在有生之年碰到這景象很有趣，我們是兩個「老好奇寶寶」。我們都獨居，都能享受獨處的快樂。

能獨處的人是樂觀的。有位本來很幽默的朋友說：「以前家裡雖然只有兩個人，但除了生活瑣事，還有情緒互相影響。我們沒有共同的興趣，看書還好我可以躲在房間裡。可是電視只有一台，有次我在看一部電影，他在旁雖沒講話，但我就是不能專心。我說再買一台電視吧各看各的，他說幹嘛我又沒影響妳。我說你坐在我旁邊就是影響，結果兩個吵了一架。他不能理解有些電影是需要用心看的，認為電影嘛還不是娛樂，要用心？現在我一個人住了，你知道可以自由到什麼程度？如果一部好戲或一本放不下的書，這時候鼻子癢了，我就把鼻屎摳出來放在手邊的衛生紙上，以前兩人住時絕不可能！就算他不管我也不能如此放肆。」

我笑得差點喘不過氣來。

一個孤獨的人大概笑不出來吧，自艾自憐，覺得世人都拋棄了他。當然有些是環境逼迫獨居的：年老無人照顧且經濟能力薄弱的，或獨力看護長輩無支援的，離鄉背井一人在外工作的，都會陷入孤獨。英國政府因為國內孤寂的人口增加，特別設立「孤獨事務大臣」來處理人民孤獨的問題。想來這個官很不好做，因為這是非常個人的問題吧。

有能力獨處的人是幸運的，他們不是孤獨的。

6 ─ 培養興趣，趕走寂寞

沈君山先生曾說過「養趣防老」，其實人從年輕時就該養趣啦。記得曾有年輕人問我：「怎麼辦？放假了，丟掉書本卻不知要做什麼，因為我們除了讀書考試，不知道還能幹嘛？」

現在人日理萬「機」，好像年輕人不再有這種困擾了。但據美國一位心理學家說，年輕人用推特或臉書等社交媒體，只注意手機會變得更孤獨。我想人還是人，需要跟人接觸吧。以前年輕人雖然叫著不知要幹嘛，但沒有手機可以整天抱，太無聊時仍會找人。

養趣不但防老，更是獨處時必要的元素。趣可以是創作，是閱

讀，是玩各種手藝。去年底讀到一篇報導：女潮——女性主體與藝術創作展。

「潮水象徵女性每月生理期，心理學中『心潮』指沉浸在事物中而忘我的喜悅、滿足感。女潮呼應女性生理特質，生理上自我肯定的愉悅感，以藝術呈現。」

這段文字很「學術」，說白了就是「沉浸在某種事物中而忘我、喜悅、滿足」，說得更白就是上癮啦。沈先生生前是棋界高手，想必他對下棋是上癮的。

我有幾位朋友是「癮君子」，一位可惜現在無用武之地。她迷上了織毛衣，什麼花樣的針法都難不倒她，她可以一邊看電視一邊織不停，我笑說她手指上有眼睛。家人穿的、送朋友的，總有去處。但好像是突然之間，她織的毛衣沒銷路了，剩下的毛線和織針壓在櫃底。失落了好一陣子以後，她到社區大學學書法，再度上癮。她說書法更迷人，更有成就感。她清出一張小桌，鋪上毯子，擺好筆墨紙硯，定時坐在桌前，有一種儀式的感覺，就會更用心寫字。「到時不寫心會癢啊！」她認真地說。

一位則是繪畫，她參加住家附近的一個繪畫班，認真上課。因為獨居，客廳就是畫室，擺滿了成品。她說學畫以後，滿眼看出去都是色彩和線條，什麼都想畫：花、樹、果菜、瓶瓶罐罐、人……生活太有趣了。而且沒有賣畫的壓力，她說完全是娛樂自己。有時師生聯展，她拿出一張畫參展很高興。有時戶外寫生覺得在大自然中畫畫，美景裡更能陶然忘我。後來有同學拿到鶯歌去燒成陶版，就更多了一種樂趣。

另一位旅居國外，有大院子，她常傳些花草樹木的照片給我，說那院子就是她的天堂，孩子大了分居出去，先生只愛窩在書房。曾經過了一段空巢期，有次在電視上看到教種花，引起她的興趣，從此上癮。她說照顧花木絕不比照顧孩子簡單，花木都有自己的特性，和人一樣。她相信要對花說話，不可冷落它們，就會越開越美。我笑她別走火入魔了，更老的時候蹲不下去怎麼辦，她說已逐漸把花池抬高，可以站著照顧。

兒童教育專家說：「孩子從玩耍當中學習一切，包括語言、思考、人際關係、甚至生活能力。」可惜隨著年齡增長，各種必須的人生經歷：讀書、就業、婚姻、家庭等等，人就不會玩了。

我的童年時代，孩子們沒有任何玩具，要自己動手動腦。記得那時的小女生會用火柴棒做娃娃，白布包棉花做頭，畫上眉眼嘴，碎布做衣服，放在火柴盒裡，上課都會偷偷從抽屜拿出來玩。我手笨只會跟男生玩泥巴，住家廣場有個廢棄的舞台，附近小鬼們搬了很多砂土，鐵罐裝水，就能捏出很多玩意兒。有時沒水了，小男生就灑泡尿和起泥來，這小鬼就常被大家打得滿台跑。我們在野外看屎殼郎（糞金龜）搬糞滾球、捉金龜子用線拴了當小飛機、栗子殼當小船、野花編成花環、廢紙摺成各種東西……。

多年以後我也帶著孩子玩，他們的童年也沒多少玩具，不過有童書，有臘筆、紙，讀故事，教畫畫。只要有機會就帶他們去野外，玩水、玩沙。

他們長大後我有更多時間；玩攝影，還在家裡擠出一間小小的暗房。玩繪畫、木刻、做陶、種花……雖然因為環境的改變，有些沒繼續，但玩得很投入，很忘我、很喜悅滿足。而一直不斷的是讀小說，在任何環境都能「玩」的嗜好。

進入３Ｃ時代，我從拒絕到使用，但卻無法上癮。查資料、寫稿、通訊、拍照，方便好用，是很好的工具。不過有位朋友讓我改變對３Ｃ的看法。她去上電腦班，專學用手機拍照。發現其中有學問，而且可以自己創作，這就會入迷了。

有位年輕朋友告訴我現在「前中年」女性迷什麼，迷如何化妝讓自己更年輕、如何穿著更美、什麼化妝品最有效、如何畫眼眉、哪家整形醫院好，永遠弄不完。她擔心自己沒興趣會不會變成異類，因為她剛進職場，有些同事談的就是這些。

這很有趣。一個女人獨處時會不會「玩」這些？擔心青春漸逝是很多人的心病，年齡越增加，「病情」越重，除非她夠成熟，能心平氣和的接受。有時在電視上看到某些人，覺得她有點面熟又不大熟，有點像某人又不大像，看起來年輕卻有說不出來的不自然，就知道是現代科技的成果了。我不知道獨處的女性會不會有人經常對鏡研究如何保住年輕，但我相信有興趣可迷的人，不會沉溺在這不可能的奇蹟中。

春節時孩子們從外地回來，媳婦帶了一盒精緻的餅乾，每個橢圓的黃澄澄的小餅乾都用一個套子裝著。我問在哪裡買的，她說自己做的，我驚訝地拿起來細看。她說這是法國有名的甜點瑪德蓮，我靈光一閃問：「是《追憶逝水年華》裡的瑪德蓮嗎？」她笑咪咪地說是的。我讀過這本書，她留學法國，我們心會神通。食物有故事，吃起來別有風味。她告訴我這一年迷上了烘焙糕點，找書看、上網查、做夢都在想要用什麼料、做什麼型。我笑說妳將來退休可以開一間店了，她說沒想那麼多，現在每做成功就有成就感，自己樂得很。看來每樣興趣只要全心投入，都可上癮滿足。

女兒給我一條頗有民族風味的項練，她迷這個。成天構思耳環、項鍊的樣式，研究各種寶石的特性。先繪圖樣，再用實物勾勾串串。有時為設計一個首飾，會茶不思飯不想。她並不想這些首飾的出路，滿意時自己樂上半天。

兒子玩攝影玩成了專業，有趣的是他女兒也立志要當攝影家。有天傍晚，門鈴響起，開門一看是小友阿寶。她比我年輕一大截，進門就笑嘻嘻地送上兩根淡綠色透著新鮮的玉米。

「我種的玉米收成了，第一批送給妳。」她得意地說。因為活得帶勁、玩得開心，她顯得格外年輕。

「告訴妳，我現在計畫去學數位鋼琴。因為有天聽他們演奏，那種陶醉享受的神情吸引了我。而且數位鋼琴比古典鋼琴好學，像我這種半路出家，選學這種比較容易。」

她半閉著眼睛舞動手指，好像已在台上演奏了。

「妳已經在學繪畫、書法、又參加合唱團，還要種菜，真的還有時間去學琴？」我笑問。

「時間是自己安排的嘛，只要有心就有時間。不過我有點擔心會不會興趣太多，不能深入。」

「不會啦，興趣越多越好，慢慢的妳會對某一兩樣特有偏好，自然就深入了。再說不深入也無所謂，妳都喜歡就都玩。」

她走時特別叮嚀玉米要趁新鮮煮了吃。我細細觀賞兩根玉米，外衣像初春枝頭嫩葉般的淺綠，質地讓我想起三宅一生的服裝料子，極細的縐褶。裡面一排排整齊晶瑩幼黃的珍珠，排到頭變成一些小翡翠粒，比故宮的翠玉白菜更增加了生命。真捨不得吃，不過後來還是煮了，生命有期限。香香甜甜嫩嫩，我連煮的水都喝了。

但現在好像手機才是人們最迷的東西，任何場合都是人手一機，滿車廂的乘客、滿桌的食客，大家埋在自己的手機裡，那是孤獨的現象。如果一個人在房間裡還是機不離手，那就是孤獨，不是獨處。

除了迷讀小說以外，其實看電視也有可迷之處。房間裡留著弱光，一杯熱茶，一小碟花生米，等待電視裡播放 BBC 的「藍色星球」。海底奇景展開了，炫麗的光影中，大章魚千變萬幻，海底長出一片樹林卻是一條條直立的魚，珊瑚美過任何珠寶，小魚把貝殼穿在身上，海草緞帶似的飄舞……。這是我最愛的節目之一，而且要一個人看。還有旅遊節目、看世界有多大，各地風俗民情有多不同。還有科普節目，知道科學多麼有趣，能讓人目瞪口呆。雖然不是自己的創作，但這類的節目可以讓獨處的時候天地變大，我遨遊在其間，世事的紛擾不見了。

興趣可以是創作，各式各樣的創作，也可以是吸收：旅行、看表演、展覽、聽演奏、種種讓心靈豐富的都是。一個人如果什麼都沒興趣，那不管是群居或獨居，都活得乏味味吧。

我不排斥電視，雖然研究者說整天坐在電視機前會加速老化或失智，更說愛看電視的人智商低，但那要看自己如何「看電視」吧。電視有大銀幕大視野，可以讓人如身歷其境。電視不是只有韓劇，只有灑狗血的愛情和吵吵鬧鬧的家庭劇。在電視機前可以讓眼界和心界擴大，有些地方是自己無法達到的。獨居或獨處的生活並不是寂寞孤單的，會玩，會利用現代科技產品，是獨處的智慧。

一輩子都有好奇心的人生是快樂的、豐盛的，而獨處時也不可缺。

7 — 魔幻大自然

雲

大約八、九歲的時候，有天傍晚，蹲在後院看「屎殼螂」推糞球看得出神。偶一回頭，見滿天灰紅的晚霞中，有一片豔紅的十字架形狀的雲，斜掛在天邊。我奔進廚房告訴正在燒晚飯的姑媽，她被我拉進後院，抬頭一看，立刻低頭禱告。她是個在艱苦生活中仍常保喜悅的虔誠基督徒。

幾十年後的民國九十五年，也是傍晚，我在淡水一個山坡地仰望西天。遠處是燒紅了卻極靜的薄雲，靠近我眼前卻聳起一座白玉似的觀音像，而且騎著一匹狀似麒麟的灰白雲朵，在微風中緩緩往左方飄動。回家後我立刻把這印象抓到畫布上。後來在畫展中，這幅畫被一位篤信觀音的朋友收藏。

大自然中，雲是最最變幻莫測。幾億年的地球上空，天上的雲絕無一天相同。「白雲蒼狗」，其實雲的變化遠超過世事的變化，而且會幻化成千萬種形態。我看過一對神仙對坐弈棋，阿波羅駕馬車疾奔，母親餵乳嬰兒，兩獅互鬥，李白醉臥……最驚人的是九十九年八月二十五日傍晚車經台北新生高架橋，西邊彩虹般的天幕上，拔地而起，矗立幾柱灰黑大雲柱！高聳至半天，其中最高的兩柱極像一對背立的男女大神，更驚人的是有一陣陣閃電從雲縫中爆裂！我心頭一震，許久才平復。當然，我也在畫布上留下這難忘的印象。

因為受雲吸引，我搭機總愛靠窗。有一次見窗外雲層厚似灰白地毯，有羊群在上漫遊，我真想走出去，踏在「地毯上」，撫摸那些白羊。不用說，看了多少奇幻的雲，驚喜、敬畏，一點也不在乎長途飛行。

我愛雲。

樹

早晨，窗外有風，我站在窗前刷牙。面對小山上形形色色在風中搖動的樹，有一棵樹的樹梢長短兩枝搖著搖著，竟像兩頭不斷親吻的小狗，我不禁笑了起來。其實這山上的樹經常給我不同的「擬人」、「擬動物」的形象，有一次是戴大草帽，穿大篷裙彎腰剪花的女士，有一次是十幾隻不同種類的小狗、小兔。有一棵在稜線上的樹，始終像一隻大角羊站立不移。

據說地球上的樹也像人的指紋一樣，沒有一棵是完全相同的。站在林中看樹，常驚奇地讚嘆有些枝枒或扭曲或伸展的姿態，絕不是人工盆景能超越的。小時候讀童話故事，書中常有在夜色裡變成魔爪的樹枝。因為住在鄉下，小傢伙們晚上絕不敢外出。卡通或魔幻電影中的樹，更會伸出枝爪捉人。可是我愛爬樹，站在高處樹枒上，小世界就變大了。

但樹是美好，沒有一棵樹不美，包括枯枝。人們砍伐掉地球上無數的樹，卻總想能在住處有一棵。樹的美讓風景畫家永遠畫不完，如果他畫心中想像的樹，也能像真實的樹一樣渾然天成。

不提樹對地球、對人類、對生物的貢獻，只看它就美不勝收了。

我愛樹。

石

我不是玩石的人，但喜歡偶爾在海邊撿一兩塊帶回家，在石上畫些小畫。有時石上的紋路會給我美感，變成背景。

我曾畫一位古裝仕女坐在窗前，灰色石塊上有黑色細紋，正像窗帘般垂繞，不需添加任何畫筆。

畫著小石塊，有時我會想到澳

洲那座地球上最大的獨立石頭——厄耳斯巨石，高三百八十四公尺，周長九公里，重量達幾億噸，而且還有三分之二在地表之下！天哪！這之間的差距著實驚人。

石頭的造型更是千奇百怪，似乎凡是人能想出來的東西，都可以找到形似的石頭。大陸黃山奇石處處，國畫中用石做題材的名畫很多，而中國庭院中的奇石更是一種專門學問，不加任何人工雕鑿才是上品。《紅樓夢》裡的賈寶玉竟是女媧補天多出來的一塊石頭，這可夠魔幻的了。我每次經過鶯歌，總對那塊座落小山頭的石頭大多興趣十足地多看兩眼。世界各地都有讓當地人引為奇景的石頭，進而產生更深的感情。

石頭的形變讓人驚奇，石頭的質變更讓人驚嘆。媒體常報導某某名女人、貴婦戴了多少克拉的鑽石，價值多少。一位朋友大笑：那不過是一塊發光的石頭罷了！而石頭質變的礦石，據說有三千多種。

我愛手上這塊小石頭。

水

多年前到加拿大去看尼加拉瓜大瀑布，印地安人稱做「雷鳴之水」，那聲響那氣勢只能用驚人兩字形容。參觀的人大都默默的或憑欄凝望，或穿雨衣佇立，或乘船遠觀，沒人在大瀑布前喧嘩聒噪。

地球上氣勢懾人的水總讓人屏息，大陸黃河的壺口瀑布，錢塘怒潮，南美洲委內瑞拉與圭亞那的密林深處，全世界最高的天使瀑布，光看影像就咋舌不止了。

我們台灣是山明水秀，有時一條無名的小溪，蜿蜒在林中，在陽光下閃亮如絲帶，或是一方寧靜的小湖，水波不興，人的心情跟著沉穩下來。有時山中會有一束秀秀氣氣的瀑布，小聲吟唱，絕不怒吼。就算那可以行船的日月潭，可以賽舟的激流，也都是秀美的。

至於占地球71％的海洋，人們除了在海邊活動以外，只有敬畏的「望洋興嘆」了。

我當然愛水，如果沒有水還有人類嗎？

魔幻大自然除了雲、樹、石、水以外，更有種種匪夷所思的生物，日夜上演魔幻秀。感謝很多專家窮畢生心力去探討，也感謝科技發達，不出門就能在家看秀。有些比什麼《阿凡達》更精采，而那些科幻或魔幻電影，還是在模擬大自然呢。

生活不會枯燥無聊，除非不愛大自然。

但是，當心！當心！大自然翻起臉來，人們只能心驚膽戰，束手無策，任憑蹂躪！所以，愛大自然，更要敬畏，敬愛大自然。

生命謝幕的那份灑脫

1 弱者，你的名字是老人

星雲法師寫過一篇〈弱者，你的名字是和尚〉，連高僧都有不吐不快的話要說。其實大多數宗教界人士，還是受到社會尊崇的。而老人正好相反，除了少數位高權重、億萬富豪以外，一般老人才真是弱者呢。

一位朋友五十歲生日那天，在車上聽到某電台報導新聞：「……有個五十歲的老嫗前往……」她當場氣得飆粗話，因為「老嫗者，老婦人也！」

「你們聽聽看，我已經是老嫗了！可惡之極！」大家又笑又氣，紛紛報告自己的經驗。

「有天我去某機構辦事，接待我的是個很年輕的工作人員，開口就說：『奶奶，請坐，我來說明一下。』我一聽火就上來了，但卻在心裡盤算等下要怎麼訓訓這小夥子。

「事情辦完以後，我平靜地說：『我的年齡可以做你的奶奶，但我不是你的奶奶。如果我沒結婚，更沒資格做奶奶。你可以稱呼我女士，這是正式有禮貌的稱呼。』小夥子當場臉紅道歉。隔一陣子以後我又去辦事，還是那年輕人，他竟然叫我小姐。咳！這下又未免掉得太多了。」

眾人聽了爆笑到不行。

「可是只要用自己的姓，永遠都可以叫小姐。」一位朋友不服氣地說。

面對面也許還可以爭取不當人家的長輩（如果有勇氣的話），

但媒體提到老人家，對男性大致都是老先生，對女性則一概是老婦人（老嫗是很有學問了）。「婦」字原本沒有負面意思，但現代女性可不樂意被稱為「婦人」。西方社會很少在當事人身上加個「老」字，先生和女士就夠了，已婚未婚都適用。如果除了「老嫗」、「老婦人」以外，沒有更適當的稱呼，那麼請通用「女士」如何！

「……有位年長的女士因行動不便……」

這樣的報導如何？

大陸大城市的店員近年來態度很有改變，但對中老年人仍然有讓人聽不下去的語言。有兩位六十左右的朋友在餐館點菜時囑咐：「請告訴師傅油和鹽少放點，謝謝！」

「知道了，您二位年紀擺在那兒哪！是該少油少鹽。」服務員一本正經地說。

一對夫妻去買蠶絲被，店員力讚產品如何優良，又大聲地說：

「像您二位上了年紀，一定要蓋蠶絲被，要不然一凍著就會腰痠背疼。」

妻子才不過五十多歲，當場拉著丈夫走人。

有則花邊新聞報導國外某位女星「穿得像阿嬤」，引起了小小的公憤：「像阿嬤怎麼啦，阿嬤有錢照樣穿得時髦！」但除了穿世界名牌的貴婦以外，一般中老年女性很難用「平價」（服裝大師卡爾拉格斐說平價非廉價）買到大方、合體、時尚的服裝。如果身材走樣的話，有些店員斜眼一句「沒有妳的尺寸」就夠人嘔三天的了。曾經流行過的「媽媽裝」俗到不行，現在有些又花俏到不知所云。一位朋友連逛了幾家百貨公司以後，嘆氣說：「可惡！這是年輕人和有錢人的世界！」

江浙人有句諺語「養小日日鮮，養老日日嫌。」真是刻畫入微。工業社會裡還有幾家是「家有一老，如有一寶」呢？孩子生得少，更是「捧在手上怕摔了，含在嘴裡怕化了」。而老人卻相對增多，活得越久，問題越多。面對種種問題，不但晚輩們焦頭爛額，長輩們也深覺不妥。曾經有位文學界前輩，晚年在接受補助時，小心翼翼地說：「真不好意思啊，我沒想到自己會活到這麼老。」

「很多老人在麻煩晚輩時是有罪惡感的，X！人老了就該自殺嗎？沒有老的，哪來小的！」一位「憤世老人」衝著我說。拜託！我是女士耶！竟爆起粗口來了。

很多老人其實是很自愛的：「我不要拖累孩子，他們也很辛苦。」

「我的後事都安排好了，到時候不麻煩子女。」

「我學這個學那個、交朋友，都是在照顧好自己，不讓子女煩心。」

但有些老人沒有「早覺悟」，為自己留下養老金。或是當年所賺只夠養家活口，到老成了別人的累贅，那是他們的錯嗎？

社會上對老人又如何？下車慢會被司機吼罵，坐車會眼睜睜看著博愛座被霸占，路上行動慢會遭白眼。哇塞！歧視老人的情形可是不勝枚舉。

所以！

弱者，你的名字是老人！

2 我懶得再說老

朋友送我一本小書《巴黎的憂鬱》，才讀到第二篇〈老婦人的絕望〉，我就真的憂鬱起來。這篇的大意是：有一位瘦小乾癟的老婦人，看到一個漂亮的小孩兒，大家逗他說笑。

老婦人見這美麗的小生命像自己一樣脆弱，也沒有頭髮和牙齒。她走近想對他微笑一下，撫摸一下，可孩子嚇壞了，拚命掙扎尖叫。老婦人躲到角落哭泣……「衰老的女性真悲慘呀！討人喜歡的青春已過去啦！連我們想寵愛的幼兒都懼怕我們了。」

配上黑白版畫，垂首坐在椅上的老婦深陷於孤獨哀傷絕望之中。讀了真讓人不由得憂鬱起來。

作者是法國天才詩人波特萊爾，四十六歲去世，還沒嘗到老年的滋味呢！我不禁反抗了：喂！老真有那麼可怕絕望嗎？青春雖已逝，夕陽還燦爛著呢！

全世界似乎都人口老化，甚至有專家預言二〇五〇年以後，銀髮族會掌管社會，因此談老近來已成「顯學」了。我已經老了很久，因此常有年輕人問我老後的經驗，也曾和其他活得「老而好」的銀髮族接受訪問，並且很榮幸受邀推薦一些談老的書籍，中外都有。我發現老年活得好的人，大約都有幾個條件——有點老本，不完全靠子女供養；有基本的健康，可以行動自如；有朋友，能談談或一起活動；有開朗的性格，獨立的能力；有求知的興趣，不害怕改變；有嗜好，不會成天無所事事。

活得不快樂的銀髮人有的並不缺錢或健康，而是受制於性格。

愛挑剔的人總能從雞蛋裡挑出骨頭來，愛抱怨的人看什麼都不順眼，愛自憐自怨的人老認為別人對自己不夠好。這些性格越老越顯著，因為年輕時要忙的事少了，時間多了，不找點「麻煩」太無聊了。而家人常常是最方便的對象，奇怪的是大多數男性會針對配偶，女性則對女兒或媳婦。

還有不少活得艱苦的銀髮族是真正貧困、長期臥病在床、失智、家人無力照顧的，這些一定要政府有完善的政策，落實執行才能改變。養老院貧富的差距很大，富人住的是享受，貧民住的可能被虐待。政府能照顧這些老人嗎？跟他們談快樂老年是讓人慚愧的。這是我懶得再談老的心情。

不過既然抗議波特萊爾描述老婦人的絕望，那就來看看活得晚霞燦爛的銀髮族吧。國發會公布二〇一四年上網購物的銀髮族消費力，是青壯年的兩倍，因為他們累積的財富比較多。銀髮族上網的人口越來越多，女性喜歡傳簡訊和影片，跟孩子、朋友聊天，男性喜歡討論時事。有剛剛領到銀髮悠遊卡的朋友，高興的搭公共交通工具遊街。很多銀髮族女性結伴喝下午茶、購物、看展覽、參加女性成長團體、上各種社區大學的課程。不過這些大都是「剛老」或「中老」的女性，年齡再長的很多還是走不出來。

其實，事在人為。以我這個老了很久的人來說，我謹記一位醫生說的話：「不要以為老了就什麼都不能做，也不要忘了老而什麼都不錯。」退休以後我狂熱的學畫，十幾年不減熱忱。閱讀的興趣不減，現在愛讀探險、旅遊、偵探（推理）方面的作品，謀殺天后克莉絲蒂的案件看了很多，因為她不但會寫故事，而且寫人性，人情都很深入。有一次和幾位年輕朋友提到日本推理作家東野圭吾，他們眼睛一亮，沒想到我這個老人家也知道他。但我認為另一位士屋隆夫更有文學性，那些小朋友就沒有反應了。

我愛看的電視節目是CSI，跟著辦案靈活腦子。看探索宇宙、大自然生態，更知道天地之大，個人渺小。對人與人的小是小非淡然處之，心胸自是開闊，是老年最好的養生之道，因此我從不吃補品。據說很多女性愛看連續劇的恩愛情仇，婆媳間的你恨我怨。年老以後，如果以前沒嘗過戀愛的，現在已經來不及了。已嘗過的自會永留在心頭，不必再為那些男女費時費心。至於婆媳姑嫂，老了更早該甩掉啦！我學會用ipad寫稿、找資料，和朋友、子女通訊，不因年老而放棄。但是「不要忘了老而什麼都做」，我現在也是「低頭族」，走路一定低頭看地面，以防跌倒。注意健康，不為子女增加麻煩。絕不「干擾」子女的家庭生活，不以「愛」之名做自以為對的事。

青春是一定會消失的，而晚霞是不是燦爛，就看各人了。

3 — 我接受逝世如意

早先《聯合報》繽紛版刊出陳芸英女士的〈祝你逝世如意〉，標題立刻吸引了我。怎麼回事？作者收到一封電子信，最後來這麼一句，當下愣住！原來是一位視障朋友點字的問題。作者的心柔軟了，也聯想到親人臨終前的痛苦和有的人卻是「好走」離開人間，領悟到「逝世如意」未嘗不是一種福氣。

再往前推幾週，「文學相對論」的版上，連續兩週讀到吳妮民與黃信恩兩位年輕醫師談〈偕老慢性病〉、〈孤獨死之味〉，我在心中醞釀了好幾年的念頭，像灑了水、施了肥一樣滋長起來。

那就是我贊成「安樂死」，但大多數人聞死色變，現在改成「安樂逝」如何？這位視障朋友無意間創造了一個如此平和的祝福詞，或許也是很多人，特別是老病到沒有尊嚴的人，願意接受的。不過，這絕不是某種信仰，不能向別人勸說或推廣，這是一種自我選擇，要在法律允許下進行。

曾有兩位名人爭論「安樂逝」，一位說他要爭取立法，另一位說他活得好好的可不要什麼「安樂逝」。俗話有「好死不如歹活」，除了自殺的人以外，生命是極珍貴的。可是生命的意義不是「只要還有一口氣」，而且人對自己的生命應有自主權（自殺是毀滅不是自主）。雖說「身體膚髮，受之父母，不敢毀傷」，但當此身已嚴重毀傷，並且危及別人，絕無可能重建，人就有權決定如何處理。

有些人「歹活」已經到了慘不忍睹的地步：「……皮肉之苦僅能以數據來回應：血壓、心跳、體溫；他們的肢體常是僵硬蜷縮，最大的動幅，或許是痙攣發作；他們身上一定有外來管路，負責疏尿、灌食，或換氣。」黃醫師說。

「……差一些的，……失去意識、身插數管的老者，五、六人並陳一室，有人定時來翻身、餵食。……孤苦無依的長者，房東每月向每個人收取租金數千元，裡頭卻漫斥壁癌、霉與尿臊味……」吳醫師又說：「一躺經年，家人青春及積蓄都耗盡。」這些都是活生生的事實。若說這都是貧窮造成，富有人家把「只剩一口氣」的親人送到高級療養院，每月十幾萬，躺在床上靈與肉體都被禁囚，是好活還是歹活呢？而且越是有錢，照顧得越好，那人被禁囚的歲月越長。

曾聽過一件真實的故事：有位老太太，子女都愛她，而且家庭經濟情況不錯，當逐漸衰退到必須送到療養院時，子女當然把她送到最好的。七年多過去，老太太養得「富富泰泰」，但整天閉眼昏睡，子女探望的時間隔得越來越長。有一天女兒無奈地站在床邊，突然母親睜開眼，手做要寫字的姿勢，女兒驚喜地趕緊找紙筆，老太太顫抖著，歪歪扭扭寫下「我不想活」！當天晚上就離世了。

此外，照顧者的悲慘生活更常上新聞報導：在強大的壓力下崩潰。這些中外都有實例，更是文學和電影的題材。任何人都沒有資格責備那些當事人，有些人寧願自己生病，也不願挑這重擔。

二〇一六年六月二十三日內政部指出：最快今年，最晚明年，全台老人比小孩多，六十五歲以上首次超過零歲到十四歲。看這統計年輕人可能憂慮，年長者也可能憂慮，因為生命最殘酷的事實是：老和病痛相連接。而人類照顧老病的親人也是「殘酷的事實」！無論老人如何自立自強自愛，大多數還是要倚靠年輕人。

於是政府要來挑這擔子了，「長照」成為重要話題：長照人口八十萬，每人每年平均十五萬，一年上千億。長照服務發展基金會每年經費需三百億至四百億。長照全民買單，每人每月五十元，動用二十多萬名移工看護，還可能要加稅補助長照等等。

長照如真能讓老人安享餘年，讓年輕人放下重擔，那是「快樂的負擔」，大多數人一定願意每月交錢，因為人都會老。但事實呢？不必調查統計，我們眼見能享受長照的老人，只有那些幸運的一部分，必須是身心健康，有起碼的經濟能力，活得有尊嚴，生活品質不變，才是真正享受長照。現在已立法的安寧緩和醫療，已經是「慈悲的」措施，很多人都在健保卡上簽署DNR同意書（同意不實施心肺復甦術）。但是人們不能有另外的選擇嗎？

據Google解釋，安樂死希臘原文義為「美麗的死」、「幸福的死」、「尊嚴的死」。現在全球有五個國家及美國六個州合法，而且支持者直線上升，二〇一六年美國有40%的人希望「給我死亡的權利」。有位朋友說她要存一筆錢，以後到瑞士去接受「安樂逝」，但大家七嘴八舌地說：「妳不是公民，還不夠資格呢！」她嘆口氣，唉！連這個最後的願望也達不到啊！

二〇一七年一月一日《康健雜誌》有一篇〈高喊安樂死之前，台灣要先做好五件事〉，細讀之下我認為專家們並非絕對不贊成，而是「沒經過深思熟慮就認為人有死亡自主權，太危險。」以及「所有實施安樂死的國家，都經過長時間的溝通、辯論，才形成社會共識。」換句話說，只有成熟的國家、成熟的社會、成熟的人民，才能讓「安樂逝」合法。

楊秀儀副教授說：「不要只談死，安樂死，而忽略了老。」又說：「老人一生已經歷許多起起伏伏，本來就會回到內心世界，沉默不代表生活無趣，坐在公園看鴿子不代表人生悲哀，有活力不表示一定要往外跑，可以寫自傳，分享經驗與智慧，選擇很多。」哎喲！老人要能像這樣活得有品味，有尊嚴，誰會要「安樂逝」呢？

但如果沉默是已不能思考，看鴿子是視而不見又如何？

前面提到一位說要「安樂逝」，另一位不要「安樂逝」，兩位都有選擇的權利。選擇「安樂逝」並不是不接受老病死本來就是生命的一部分，而是透澈了解生老病死的意義，在最最需要時，自主離去不傷及生命的尊嚴。很多老人並不怕嚥下最後一口氣，怕的是痛苦折磨。睡下去隔天就沒再醒來，是最值得羡慕的福氣。

現代人大都長命，我認為七十歲以前談老死就像是寫小說、寫詩、散文，有很多虛擬想像，並不能真正體會。久病纏身的刻骨痛苦，加在老邁的身體上，哪還有生活品質、生命尊嚴？但如寧願「夕活」，那一定要尊重那人的選擇。

看來要等我們的國家、社會、人民成熟以後，需要「安樂逝」的人才有合法選擇的自由吧！

4 愛．慕

——生命中最難跨越的終點

走出電影院時大家默然無語，《愛．慕》的劇情在腦中翻騰。

「傷感嗎？」有人問。

「我在想對策。如果我像片中的女主角一樣，要怎麼辦？傷不傷感已不是問題了。」

《愛．慕》不是好看的電影，《少年Pi的奇幻漂流》才是，但這是一部更有平凡人生話題的電影。

人都有生命最後一關要跨越，如果幸運地活到老，卻又不能幸運地無疾而終，這最後一關就是最大的考驗。

但這部電影仍然絕對是好電影、好導演、好演員、好編劇，得今年奧斯卡最佳外語片是名至實歸。故事其實很簡單，一對深愛的老夫妻，在妻子中風以後，丈夫不堪照顧的身心疲累，悶死妻子後自殺。

然而細細咀嚼其中真實人生情景的對照，就會深深陷入沉重與無奈地嘆息。老夫妻是退休的音樂教授，剛剛優雅的欣賞音樂會不久，妻子忽然中風，老先生驚駭、惶恐、無措，但中風的妻子卻茫然無知，暗示老先生從此要獨自扛起重擔。

老先生終需要外人協助，女兒有自己的家庭，老妻堅持不進醫院，療養院只能插管拖延生命，於是請護士來家幫忙洗澡、換尿布。第一次尿失禁，優雅的老教授就盡失自尊。全裸地坐在椅子上讓護士洗澡，她驚惶、掙扎，卻只能聲聲喊痛，因為年輕力壯的看護像在刷馬桶一樣洗刷她。女護士紅潤，健美得像雷諾瓦油畫中的人物，對照皮肉鬆弛的老太太，是何等的強烈！

她神智還沒有完全喪失時，忽然在餐桌上要看相簿。憔悴的她對照相簿中一頁頁年少、青春的影像，讓人不禁想起王國維的詩：「最是人間留不住，朱顏辭鏡花辭樹……」而老太太只說人生美好，但太漫長。因為病痛，因為要忍受被照顧的壓力，人生是太漫長了。

生病前，她為丈夫做早餐（雖然電影中只是煮一個雞蛋），坐輪椅時她教導丈夫如何把她從輪椅中抱起來，都暗示像大多數夫妻一樣，妻子處理生活的能力強過丈夫，也就更凸顯沒有能力、自己已步履蹣跚的老先生在照顧病妻時如何地心力交瘁。老太太不肯吃喝，她不只一次想自絕，疲憊、焦慮的老先生在她吐溼了圍巾時失手打了她一耳光，之後淚眼相對。

妻子呼喚，他來到床前，講自己的童年故事（當時覺得太過冗長），不安的老太太逐漸平靜。他卻突然抓起枕頭，整個人連枕頭壓在老太太臉上！原來講長長的故事時正在醞釀這驚人的念頭！老先生低沉地哭吼，老太太抖動地掙扎，觸目驚心！

一切「平靜」之後，老先生封死門窗，平躺在小床上。導演要安撫觀眾驚駭的心吧，最後老先生又聽見妻子的呼喚，要他穿外套、穿鞋，跟隨著又恢復優雅的妻子出門而去！

一位朋友說她要優雅地老去，但要優雅的死去卻絕不是金錢和人力能辦到的。我認為安樂死可以讓人既優雅又有尊嚴地離開世界，可是實施起來卻困難重重。安寧病房或社區長照等是朝著理想目標走，但有經費、人力等複雜問題存在，離理想還有距離。而且凡有生命的就有死亡，如果病痛到連病人自己都不願承受，像戰場上重傷的軍人只求一顆子彈來結束生命時，為什麼還要消耗醫療資源、家庭經濟、親人心血來延續已經沒有意義的生命！

朋友說她的「對策」是還有意識和行動能力時，自己結束。但

「千古艱難唯一死」，自絕不但要有勇氣，還要有方法。合法的安樂死，親友在一旁陪伴，美美地、安詳地離世，我個人以為是最有尊嚴、最優雅地跨越人生終點的方法，歐洲已有一些人這麼做了。

幸好現在可以簽署「安寧心願卡」，或「拒絕施行心肺復甦術意願書」，註記在健保卡上，至少可以不被「死馬當成活馬醫」，勉強可以替代安樂死吧。

《愛・慕》影片中也犀利地點出老人所受的屈辱：被解雇的小護士辱罵老先生，簡直不把他當成人，而老先生只能付錢說一句「滾出去」！幸好對照年輕成名的學生前來探望，對當年教導他的女教授恭敬感激，終究人間有情。女兒這時能幫什麼忙呢？她回來看母親固然傷心痛苦，卻只能對父親說不該讓母親如此受罪，自己卻毫無辦法。老先生在疲累之外再加上委屈，親情有時也會傷人。

最後女兒回到父母的房子，已清理得整潔有序，看得出是一幢質量不錯的房屋。女兒曾在父親面前，在母親病榻前都提過「房子是很好的投資」，我似乎看到她如釋重負的表情中有微微的笑容。

這就是真實的人生！

至於那些貧病交迫的人，如何更悲慘的跨越人生最後一關，就只有無語問蒼天了。

5 — 我不要套餐

「我正在看窗外的夕陽，真的很耀眼、光芒萬丈，但是眼看著它往下掉呢，我一邊跟妳講話它一邊掉！」

某日傍晚跟一位老友在電話裡聊天，她說老了真像夕陽掉得好快，所以她要趁早打理掉下去的事情。我說我已經掉得只剩一條細線了，所以我早就打點好啦。

人在大去之後，第一件事就是喪事，這其間大有講究。貧富落差極大，從喪禮到墓地都有天差地別。近來人們對喪事的觀念，特別是埋葬方式已超脫傳統，很多人選擇「植存環保葬」。節約、環保，而且平等。樹葬、花葬、海葬都有人參加，據說還有需要排隊等候的。祖墳風水的觀念顯然淡薄了，有些當年認定能庇佑子孫榮華富貴的祖墳，甚至和子孫的際遇成了極大的諷刺或笑話。

但是喪禮大多不能免俗，高官巨賈自不在話下，一般人家也要量力而為。除了一些「下流老人」（最近讀到的日本詞，指的是貧窮、低階層、邊緣人的老人，和人的品格無關），喪禮幾乎每天在舉行。而這正是我堅決不要的後事之一。我參加過前台鞠躬致哀，觀禮席中約麻將搭子的喪禮。也曾在《聯副》上讀到黃錦樹先生描述的一場華人喪禮：有披袍的道士、想像的神仙、且唱且舞、不斷重複的跪拜著燒紙錢及庭院、車子、電話……「事完後道士留了名片」，這句話我覺得最是充滿黑色幽默。前些時又在《聯副》上讀到楊佳嫻女士的〈退回洞穴〉：死亡總伴隨著許多世間要求的儀式，再商品化為各式各樣可供選擇的配套，儀式使我疏離，我沒辦法立刻和自己對談至親之人的死亡。

當然也有溫馨動人的喪禮，而生前喪禮更是讓人有淚有笑，更深刻地懷念已逝去的親人好友。

我堅決不要喪禮！但是有人告訴我，身後事一定要有專業人士辦理，所以應該買一份「生前契約」。於是我請一位年輕朋友去打聽，指定只要三項必須的服務。幾天後她回說：「哎呀，不行哪！他們只有全套的，沒有單項的。」

蛤?!一定要套餐，不能單點？難道我不能依我的意願決定自己後事的方式？幸好上網一查所有環保葬都價廉物美，新北市還推出全部免費的，真是一大進步。

有人發愁：大海茫茫如何祭拜？其實我覺得心是最好的追思祭壇，只要有心，隨時隨地都可和親人談心。喪禮儀式真的需要嗎？墳墓是必須的嗎？我尊重慎終追遠的文化傳統，但看多了被「遺忘」的骨灰罈，像廢墟的棄墳（當然有些是無奈力不從心的），我決定把自己的墳放在愛我的人心上，心是無限大的。

其實有些墓園很美，我曾參觀過古木參天的墓園，行走其中只有靜：人靜、心靜，還有一種天人合一的感覺。歐洲有些墓園裡的雕像之美，好像參觀美術館。我也知道現在有些高級靈骨塔墓園甚至是國外名建築師設計，但是那與我何干，我已化為大氣中的粉塵，任何墓園都和我沒關係啦！

孩子們假期從遠方回來，第一次和他們談「套餐事件」和我要海葬的心願。他們的表情真難描述，看媽媽談笑風生，百無禁忌說死亡、說喪葬，他們有驚惶、有責怪、有不知所措。但多講幾次，他們漸漸接受沉靜下來。有位朋友說：別忌諱說死，多講就不怕了。

我很喜歡讀李敏勇先生在《聯副》寫的「墓誌銘風景」，智者用幾句智慧的話綜述自己，有時還十分幽默。上網查了幾則分享：

#他從前是個胖子，現在和所有躺著的人一樣骨感。

#海明威——恕我不起來了。

#魯迅——一個也不寬恕。

#英國酒鬼——我的頭向哪邊都無妨，腳一定要朝埋有酒窖的一方。

但有幾人夠資格寫墓誌銘喲！

死既可幽默以對，喪禮和墓地就不必麻煩了，所以我不要套餐。

清明前夕和女兒塞在幾乎要爆炸的路中，我笑說將來你們不必趕這種熱潮，她打了我一下。可這是事實呀！

清明之後在聯合報民意論壇版讀到梁玉芳女士寫的〈一起活在牆上……上臉書，得永生〉，看見年輕的一代在臉書上悼念朋友，可能是年長的一代想不到的。他們的貼文有送上朋友愛吃的點心，喜歡的詩歌，問候在另一個世界好不好，在臉書上按讚……作者舉例美國作家布蘭登·安布羅西諾討論臉書「永生」現象說：每天死亡的臉書用戶超過八千人……臉書正成為一個不斷壯大的數位墓地。

這可不可以叫作「雲端墓地」呢？哇，那更加海闊天空了。地球，我們讓出來了，而我連單點也不必啦！

6 — 當你離去之後

三月，櫻花樹下一片落紅，路邊山腳下的杜鵑花也四處飄零，汽車過處顏色尚未褪去的花瓣隨著灰塵捲起，吹來一陣淒涼。加上天氣陰沉，心也跟著黯淡了。走了一段山坡，在靠椅上坐下，看著腳邊的落花，忽然想起林黛玉：「肩上擔著花鋤，花鋤上掛著紗囊，手內拿著花帚……怕園裡的水流出去糟踏了花，不願丟在水溝……用絹袋裝了埋進土裡。」葬了花還哭花「爾今死去儂收葬，未卜儂身何日喪？儂今葬花人笑痴，他年葬儂知是誰。」曹雪芹不是多愁善感，寫的是真實人生。寫的是生命中的死亡，寫的是死亡的不可預測。特別是青春年華，或少壯盛年的人生，除非是不治之症，誰能預卜身亡之日！

孩子們寒暑假回來，在溫暖喜悅的聚首中，連著幾年讓人傷痛的是他們的同學有幾位竟在五十多歲去世了！這幾個孩子我都認識，有的還叫我乾媽。有個孩子的母親患了癌症，兒子過世後放棄治療，不久也去了。

這孩子成熟而幽默，在他的專業上做得很成功，是我兒子的死黨。有天無意中翻相簿，發現有一張是他和我的大兒子凱兩人，穿著運動衫，青春飽滿。一人拿一個桌球拍站在桌球台邊，笑嘻嘻地準備殺幾盤。就是這兩人在同一張照片上，就是這兩人都逝去了！這像一把利刃把我深深沉了三十二年的大慟一刀刀挖出來！多年我不願談，事故發生後，那時有些同樣遭遇的讀者問我怎樣才能活過來。有位先生說他妻子已經無法活下去了，他實在不知該怎麼辦，見我經過了大概半年又回到工作崗位上，問我是怎麼走出來的？陸續有人問，因為正像一位朋友對我說的：「有個絕望的母親求佛陀救她瀕死的孩子，佛陀說妳去找一個沒死過人的家庭，要一根稻草來給我。」當然她要不到，誰家都有過和親人死別的遭遇。

可是我在悲慟的深淵中沒把朋友的話放在心裡，我也不理那些讀者，天地之間我的痛苦才是最重要的。這天我對著那張兩個孩子拿著桌球拍的照片想，不管挖掘當年是如何的傷慟，也許我的經過對同樣遭遇的父母會有一點點安撫，我願意撕開那些記憶。

意外是突然的，毫無預兆，所以我沒有驚慌失措地趕到醫院。見凱躺在病床上，我細細檢查他的頭、四肢、身體可以說是毫髮無損，心放下來了。送進醫院時醫師已做過檢查，他只說要觀察幾天，神色有點沉重。

我坐在床邊，撫摸他濃密黑亮微捲的頭髮。二十六歲的他有不少女孩喜歡，他學習並且熱愛舞台設計工作。雖曾有一次和他父親爭執，父親認為這不是有出息的職業，他站在比一百八十公分還高半個頭的父親面前說：「我要獻身舞台！」天哪！真的是一語成讖嗎？當時我很讚許他有目標，他已經得到國外一所大學的入學許可，準備去更進一步研讀他喜歡的科目。

醫師說多跟他講話，放他喜歡的音樂。兒子成年以後，雖然我們很親熱，有時摟摟抱抱，但像這樣靠近他，看著他的時候卻不多。他是一個好看的年輕人，還有廣告商找他拍過廣告，而且很有人緣，熱情風趣卻又有點害羞，自我要求很嚴。和他在一起的朋友說，那天在舞台上調那燈光本來不該是他的事，可是他不放心，自己爬上兩層樓高的梯子，沒有任何安全措施，就從梯上摔下，頭碰到舞台邊緣。

我用毛巾輕輕擦他的臉，想起他在成長過程中是很倔，都要用友來家裡逗他；跟他說叫叔叔（或阿姨）就給糖吃，他寧可不吃也不叫。吃肉要瘦的切成方塊，吃餃子不吃餡只吃皮——挨打完了還跟我說：妳剛才不是用棍子這頭打的……因為彆扭，所以挨打比較多。我陪著他一邊講話，一邊回憶他成長的種種。

但是到第三天，仍然一點變化也沒有，我開始心裡發慌。主治醫師特別約請他院醫師來會診，結果還是繼續觀察。不知為什麼，病床邊陸續來了一些陌生人。有人來禱告，要我信耶穌一起禱告可得救。有人來念經並說凱前世是小和尚，今世來續緣，緣滿就回去了，妳應該感謝佛祖讓你們有這段緣。有人送來祕方，有人說他可以救凱，但以後會變成植物人。有人要我哪天晚上幾點鐘向什麼方向，拿香拜多少次……我恨他們！別講那麼多，有大能力的現在就把凱叫醒，要不然就走開！我暈頭轉向，決定只聽醫師的。每天替他擦頭臉身體，他體溫和呼吸都正常，就是沉睡不醒。

到第五天，醫師說需要插管，那時我已沒有自己的意願，醫師是我要沉入深淵的救生圈，我都聽他的。插管以後，除了喉頭一條膠布固定一根管子以外，仍然是一個沉睡的、全身完整的，我的兒子。

每天家人都會來，女兒和小兒子好像突然長大了，沉著應付各種事，他父親始終沉默面露焦慮。朋友也不斷來，握住我的手，摟摟我，看有什麼要幫忙的，但我感到大家都無能為力。

到第八天，一早趕到醫院，開始每天幫他擦拭的工作。一觸碰到他的額頭，驚嚇得差點甩掉毛巾。為什麼他變得這麼冷！這時主治醫師來撫著我的肩說：「他走了，節哀。」這天是他二十六歲生日，二十六年前他在這間醫院來到人世，二十六年後他從這間醫院離開人世！二十六年前的欣，二十六年後的悲，是何等殘酷的交集！

不知道是哪些人扶著我走出病房，不知道我是如何回到家。一碰到床我倒下就睡著了。

等我回魂過來，家人說我昏睡了兩個多星期，沒有哭沒有流一滴淚。上班第一天開車下山，要開向平時的路忽然想嘔吐，轉過方向盤到另一條路上，只覺得心肺腸都要湧出來。我停在路邊嚎啕哭叫，心肺腸都像撕裂了一般。沒有任何文字語言可以形容這種絕慟，因此也沒有任何文字語言可以安慰絕慟中的人。終於倒空了，我緩緩地開向上班的路。

在絕慟中人會失去理性，對來慰問的同事忽然覺得很厭煩甚至氣憤：為什麼只有我遭遇這種慘事？還有人在這時替我抱不平說：聽到某某在批評我一定做了什麼才有這種報應。我倒是淡然，還有什麼事大過於凱兒的離去?!有人勸說妳還有一個兒子嘛，不要太傷心啦。我很想罵他，有十個兒子也不能失掉一個，你懂嗎？蠢東西！

多年後我對他們是感激的，我保留那些慰問信很久，他們用自己的方式來安慰我。

孩子們要回到學校恢復正常生活，他們說好幾位叔叔阿姨和凱的朋友一起幫忙把凱的後事辦好，讓他們沒有張惶失措。已經沒有能力應付這傷慟的他們的父親，陷入無盡的沉默。在兩個孩子面前我不能悲傷、不能崩潰，我是凱兒的媽媽也是他們的媽媽。和先生也不能談凱，這時任何語言都變得很愚笨，你不知說什麼。

好朋友到家裡來，很安靜地陪伴著，讓我感受溫暖。

很長一段時間，上班前、下班後，我開車緊閉車窗繞著山路放縱地哭喊。

我也儘量找時間獨處整理思緒。也許是我沒有參與所有凱的身後事，我一直覺得他去雲遊四方了。他參加青年訪問團，到國外遊了很多地方。他有很多朋友，常常告訴我：媽，我們要去××了。他們玩登山、潛水、音樂、打球。我只說要當心，注意安全啊！這一次的離去只是時間更長吧。

但是好幾次我做著陰陰冷冷的夢，醒來心空空的。我從愛看各種演出，到憎恨害怕進演奏廳，怕看到舞台。我想找人來恨「就因為去做才發生這事」，但理智告訴我：有人第一次搭飛機就不幸遇到空難，有人飛一輩子也平安終老。我的恨無從發洩，只有一個人獨自悲喊稍稍平復心情。我儘量引導自己往大處去想，往世界上別人的苦難處去想。

二十六年在人的一生很短，可是他的人生應該是快樂的吧。那一張張照片中都是神采飛揚的，一群孩子們嘻笑打鬧，歡樂的氣氛都溢出照片了。再說人的壽命再長，比起宇宙的只不過是一粒微塵吧，我應該放開。

但他銘刻在我心上。一年多後搭機去美國，回程時在機場看見一個年輕人背著一個大包從我眼前走過。怎麼回事他太像凱！我不由自主地跟著他，直到登機口，他，和我不同班機，再細看當然不是。我望著他走進海關，依稀像第一次送凱出國。飛機中途遇到亂流，相當嚴重，上拋下墮，機上有人嚇得尖叫。在一次下墮中我抬頭看到眼前的大銀幕上，一個年輕演員的特寫極像凱！我默念：凱！你是來接我嗎？當下心平靜下來。我不相信什麼靈異，那只是一個母親對兒子的極度思念虛擬的幻像吧！可是我每想到他，就用他正在雲遊安慰自己。

時間是治傷慟最有特效力的藥。一年年過去，傷慟被生活一層層地覆蓋沉下去了，但永遠不會消失。

多年後讀到王邦雄教授寫的《莊子》中〈大宗師篇〉，子桑哭歌問父母為何生下我讓我受苦。王教授解釋「然而至止極者，命也」，說：「命是沒有理由的理由，是沒有原因的原因，是沒有答案的答案，這就是最後的答案，不能再問下去了，不可能有合理的解釋而不合理就活不下去了。說句還不是『命』嗎？當下就得到釋放。……故『命』是文化根土終極救命的妙方，一切都可以放下了，不用苦苦背負『至此極者』的理由，放下就得救了。」

前些時在一個聚會上大家不知怎麼談到命，一位大學生命科學系教授很認真地說我相信命，但不是算命的命。

馬奎斯在《預知死亡紀事》中，兇手不斷預告，幾乎全村人都知道他會被殺的那天，按理應該躲過死亡，但他就是被殺了，這是命嗎？

相信人有命，也許可以像莊子說的「然而至此極者，命也夫！」而放下吧！人活著有很多事絕對無能為力。

但離去的人永遠不會離開親人心中，愛也不會因為他離開而消失。生命有終結的一天，在這天未到前，該怎麼活就怎麼活吧。為了其他還活著的親人，不能消沉，這才是愛吧。

離去的人永遠不會離開親人心中，
愛也不會因為他離開而消失。

7 — 輕舟將過萬重山

去換手機時，售貨小姐細看我的身分證，忽然驚訝地說：「妳是經過抗戰的呀！看著真不像！」

我笑嘻嘻地回應：「妳的歷史一定讀得很好。」

我出生那年中國東三省全部淪陷，落入日軍手中。五歲時蘆溝橋事變，十三歲時抗戰勝利。是的，我經過抗戰，我記憶中最接近戰爭的一件事，是有一天姑媽帶著我和妹妹，走在一片很大的菜園中，忽然姑媽把我們倆撲在泥土裡，她肥胖溫軟的身體壓在最上面，遠處有悶雷似的聲音，身底下的土地微微震動。好像過了很久，她把我們拉起來，長嘆一口氣，默默地帶我們走出菜園。後來聽大人們說那是日本飛機在轟炸，但我不記得有跑過警報也沒見過日本兵，因為大人們帶著孩子一直在逃！

我自小就是記性差、玩心重、膽子大，逃難的過程回憶起來沒有苦只有好玩。孩童只要不嚴重的餓肚子，就會笑，就會玩，所以在烽火中能看見孩子的笑臉，悽慘痛苦的是大人！因此抗戰歲月於我的記憶，竟像是一本好玩的故事書。小篷船沿河流有次好像經過景德鎮岸邊，各種樣式和色彩的碎瓷片，成了我和妹妹的玩具。白天有時會在爛泥田中跑路，晚上一雙泥腿就睡在稻草堆上。第二天我們比賽看誰的腿上泥巴最多，誰剝得最快。我難忘的一次驚險小故事發生在某天黃昏，跑反（逃難）的隊伍經過一條沿山的小路，我扛著一把油傘，邊走邊玩。轉過一個彎後忽然前面的人都不見了！張前望後只見樹和草，這才驚恐起來。不知為什麼想起了狼，立刻聯想起大人們說的「狼最怕傘」，於是我撐傘當盾牌拚命往前跑。再轉過一彎才看見人群，少不得被急昏了到處找我的母親痛打一頓。逃難時走失孩子的事曾發生過。多年後讀《唐吉訶德傳》，常想起童年這段「勇敢」的故事。

逃難中不斷換學校，不斷學各地方言，我和妹妹要講祕密就用方言，得意地看著一頭霧水的大人們丟下無可奈何的臉色。孩子從來不必想大人用什麼來餵飽自己，當然更不擔心戰火會不會燒過來，逃向何處才安全。

十三歲，抗戰勝利，我們美麗年輕的母親離開人世。是不是逃難的日子重傷了她？只有無語問蒼天！

母親十八歲生我，離世時三十一歲，又歷經苦難的戰爭歲月，她還來不及好好做母親，也還來不及給我們教誨。但父親的觀念影響我很深，他不要女兒像當時那樣一定要學家事、做女紅，他說那些將來都有機器做。他買很多課外書給我們，帶我和妹妹到野外散步，說太陽黑子對人類的影響。到我們學校找老師，建議不要讓高年級女生綑綁胸部，會影響孩子發育，害得我和妹妹幾乎不敢去上學。我們常和男生玩成一團，打架爬牆上樹，父親從沒說女生要像淑女。

所以當我開始寫專欄後，某天接到一封中學女生來信，訴說放學回家母親就要她幫忙做家事，還要替哥哥弟弟整理房間，自己的作業都沒時間做，我的男女平等意識就抬頭了：家事不是一家人的事嗎？並不是母事或姊事，應該公平分配才對。很久以後，一位主婦告訴我：「先生說不要去聽她演講，她都把女人教壞了。」那個「她」就是我啦。

從讀者來信中，我看到四、五十年前個人、家庭和社會的一些現象和問題，如果不寫專欄，是不會知道那麼多的，這些都深印在我心中。和今天比較對照起來，很有趣也很有感觸。以前很多純情少男會問怎樣接近他心儀的女孩？少女會問怎麼知道他愛不愛我？現在電腦就辦成他們要辦的事，而且零距離，而且辦完也可能不再認識。以前很多女性不滿自己外表而苦惱不堪，現在美容科技幫忙解決（雖然也有適得其反的）。從前升學問題嚴重，現在有些學校竟缺學生（有位在大學授課的晚輩說，老師要負責帶幾名學生進學校才行）。從前有婆媳問題，現在有婆婆說媳婦不嫌我就夠好了。從前有代溝問題，現在有一道無形的電子牆擋在中間，孩子們回到家就鑽進房間打電腦、滑手機。父母連話都沒空隙說，當然也築不成溝了。

從前的主婦要爭取自己的天空，現在很多飯店或咖啡店的顧客大都是家庭主婦，看展覽、表演、旅遊等等都是，特別是孩子長大後的主婦。

女兒曾笑著告訴我：如果沒有我那些同學的媽媽們，很多店都要關門了。

但唯獨丈夫外遇、小三盛行這現象，似乎更加蓬勃！

其實時代一直在改變，科幻電影、預言小說中當時認為不可能的事物，有很多後來都成了真。人的思想觀念和行為，也會跟著改變。

如果我活得更久，說不定有一天會和機器人攜手逛街，我的人際關係能不變嗎？現在人類更厲害，把地球都改變了！

那時我還算年輕，何凡先生把我從公務員救到《國語日報》，他說他在樓上（聯副），我在樓下（家庭）寫專欄，又是我的上司，於是先認識了林海音女士。有次她約我參加她和朋友的聚會，會中有陳香梅、張明、徐鍾珮、潘人木和李又寧，我讀過徐鍾珮的《多少英倫舊事》、潘人木的《蓮漪表妹》，竟有種粉絲見到偶像的興奮和驚喜。林海音女士（後來我喊林大姊）也常約我到她家那無數文人雅士難忘的客廳。

有次林大姊應美國國務院邀請訪美歸來，在家放映訪美幻燈片。她有時用悅耳的京片子解說，忽然走過來對我和妹妹笑問：「你們倆嘰嘰咕咕的，是不是說我像你們的媽媽呀！」我們驚怔住了！是什麼樣聰慧精靈的人哪！因為我們真的正在說這句話呢。但林大姊有四個秀外慧中的女兒，我們只是把這句話暖暖的放在心裡，想起她來別有一種溫情。

在比我年長一點的女作家中，我有幸和齊邦媛教授「結過良緣」。有一年簡宛在美國北卡州舉辦座談會，邀了齊教授和我參加。幾天同出同進，同座同食同遊，我們兩人是會中最年長的，第二天齊教授對我說「咱們結為老伴吧」。於是我們相扶相持，老伴老伴叫得熱絡而愉快。我見識了她講話機鋒處處、睿智，且有深度的幽默。後來她用驚人的毅力，誠摯的感情，寫了讓很多人激動的《巨流河》。我讀完捨不得放下，翻著翻著，第一百九十一頁上有張照片，年輕的齊教授是位清秀佳人，慧黠中帶著幾分傲氣。突然我來了靈感，展開畫紙水彩，就完成了一幅畫像，記念我們的老伴良緣。

人間幾度春秋後，我發現自己被拱上了老人座位，在藝文界工作的年輕女孩叫我阿姨，我倒也能欣然接受。最有組織能力的簡宛每次從美國回來，都會邀約幾位女作家聚會。後來固定的有：簡宛、靜惠兩姊妹，劉靜娟、廖玉蕙、田新彬、方梓，都比我年輕。她們有的叫我大姊，有的叫我薇薇，有的叫我「專欄的名字」（我很排斥這名，因為我太不像什麼夫人了）。有次茶酣耳熱，我忽然靈光一閃宣布：「以後就叫我薇老大。」

眾人鼓掌歡呼認定，從此坐上老大寶座。這些小妹不但個個有枝生花妙筆，都能口角生風，聚會時熱鬧得很，並且還溫暖貼心。

我八十歲生日時，大家瘋到台中玉蕙家住了一宿。少不得讓玉蕙兩口子大忙一番，可愛的家，可愛的伉儷，還有讓住公寓的人垂涎的花園。方梓說要為我做九十歲生日，我歡喜的等著。

雖然我只是寫雜文，但「以文會友」這句話真有道理。除了這些小妹以外，還有用深情細緻文筆為父母立傳的夏祖麗，擅寫小說的林黛嫚。幾乎從不見面卻常常用電話關心我的吳涵碧，她的《吳姐姐講歷史故事》的讀者真的從九歲到九十歲都有；集作家、編劇、導演到演員的才女汪其楣，都是我寫作結識的女性朋友。

除了這些女作家之外，我還有可以託付身後事的死黨，同來這塊福地的生死之交，退休後結為Line幫的同事，和一些活得有自我、做志工的快樂媽媽們，那就得另用篇章來寫了。我哪能教壞女人！也沒那麼大的影響力嘛！我敬佩女人，欣賞女人，喜歡女人，女人有很多了不起的特質——儘管很多領域內出頭的都是男人。

在人類短短的生命自然律中，我走過不算短的旅程。感謝父母給我健康的身體基因，豁達開朗有點迷糊的性格。旅程中的顛簸不平也好，順暢亮麗也好，我都走過來了。弘一法師說的「悲欣交集」，真的一語道盡！

幸運的我有六十多年生活在沒有戰爭的環境裡，這是一種福氣，因為地球上不斷有戰火燃燒，生命有的不如草芥，難民的血淚沒乾過。在生命最後的旅程上，我唯一盼的是不再碰上戰爭，那不會是我童年時好玩的故事，因為無處可逃！那絕對是人間地獄！

而現在，在生命的長河中，我的輕舟將過萬重山，匯入宇宙的大海中了。

跋

去年搬家時發現一張影碟，是當年製作華視〈今天〉節目錄下的。影片中的我頭髮烏黑濃密，皮膚光滑，牙齒潔白，對照幾十年後的我是同樣的人，卻截然不同樣貌了。每個老人都年輕過，每個人的一生都短短幾十寒暑，年輕只占了更短的一段。在這段人生中，我們有過理想，有過奮鬥，嘗過成功失敗，喜怒哀樂。不再年輕以後，各人回想的心情都不同吧？唯一相同的感慨是：回不去了，年輕的歲月！

如果有人出題：「讓你回到年輕，你會怎樣過？」可能絕大部分的人會選擇和自己已經過去的年輕人生完全不同。但專家告訴我們「性格決定人生的走向」，只要你還是你，你就可能還是過和你完全一樣的人生。那麼年輕的你就好好地把握現在的人生，你要過得有理想、方向、充實、滿足、樂觀、身心健康。有人會說：「我的性格辦不到，這種高調誰都會講。」曾經在收音機裡聽年輕的主持人問一位心理醫生：「既然人都受制於性格，那對某些人就是沒辦法，又該如何？」

醫生有點無奈地回答：「這種病人我們也碰過，不過不是所有的人都是一塊石頭。只要當事人自己在腦子裡開一條細縫，接受一點資訊，看看別人如何過日子，最後還是會改善。」

「接受資訊，看看別人如何過日子」，這位醫生開了良方，應該適用在所有人身上。其實人生就是不斷學習，沒有教科書，沒有考試，需要的是自己的體會。特別是在人生還有各種可能的年輕階段！因為年輕只在當下，過了就回不去！

國家圖書館出版品預行編目（CIP）資料

給比我年輕的女朋友 / 薇薇夫人 著 . -- 初版 .
-- 臺北市 : 遠流 , 2019.12

面； 公分

ISBN 978-957-32-8680-6 (平裝)

1. 女性心理學 2. 生活指導

173.31 108018779

給比我年輕的女朋友

作者／薇薇夫人
總監暨總編輯／林馨琴
責任編輯／楊伊琳
特約編輯／黃怡瑗
行銷企畫／趙揚光
美術設計／張士勇

發行人／王榮文
出版發行／遠流出版事業股份有限公司
地址：臺北市南昌路二段 81 號 6 樓
電話：(02) 2392-6899
傳真：(02) 2392-6658
郵撥：0189456-1

著作權顧問／蕭雄淋律師
2019 年 12 月 1 日　初版一刷
定價新台幣 320 元（如有缺頁或破損，請寄回更換）

ISBN 978-957-32-8680-6

遠流博識網
http://www.ylib.com
E-mail: ylib @ ylib.com